编 委 会

国际展望丛书

波澜壮阔的中国特色大国外交

实践自觉和理论自觉的视角

杨洁勉 / 著

China's Major Country Diplomacy

Perspectives of Practice and Theory

格致出版社　上海人民出版社

丛书总序

　　2018 年是非常独特的一年，它是第一次世界大战结束100 周年，是 2008 年国际金融危机和世界经济危机爆发 10 周年，同时也是中国开启改革开放进程 40 周年。我们站在这个特殊的历史时点上抚今思昔，放眼未来，更深切地感受到世界正经历百年未有之大变局。世界政治经济中融合的力量和分化的力量此起彼伏、相互激荡，世界正进入不稳定和不确定加剧的新时期。国际秩序何去何从是摆在我们面前的时代之问和时代之困。其中，当前世界格局调整中的三个趋势最为显著，也最具破坏性。

　　第一，大国之间的战略不稳定正在加剧。一方面，美国与中国、俄罗斯之间的地缘政治竞争进一步加深。美国特朗普政府加大与俄罗斯在欧洲、中东等地区以及核导军控等领域的战略博弈，甚至局部达到冷战结束以来最严峻的状态。美国对华政策也发生了重大调整，首次明确将中国定位为美国主要的战略竞争对手。特别是 2018 年 10 月 4 日美国副总统彭斯所发表的美国对华政策演讲，通篇充斥着类似 40 年前冷战高峰时期美国前总统里根对苏联的指责，令许多中国人震惊和困惑。人们不禁要问：美国难道已决意要对中国实施全面遏制？世界是否将因此而被拉进一场新的冷战？

另一方面，除了华盛顿同北京和莫斯科之间的关系愈加紧张外，近年来大西洋关系也因为在诸如伊朗核协议、北约军费分担、全球气候变化等议题上龃龉不断而备受冲击，尽管尚未危及大西洋联盟的根本，但双方疏离感明显增加。大国关系历来是国际格局的基石，大国关系的不稳定和不确定正深刻影响着未来国际格局和国际秩序的走向。

第二，基于多边主义的全球治理正遭遇"失能和失势"的危机。以规则、协商和平等原则为基础的多边主义及全球治理机制运行正遭遇前所未有的挑战。2018 年初以来，美国对其主要贸易伙伴，包括中国和它的一些传统盟友发起关税战，全世界的目光都聚焦于不断升级的国际贸易冲突。美国特朗普政府坚持所谓"美国优先"原则，为获取美国利益的最大化，几乎肆无忌惮地对贸易伙伴采取包括关税战在内的霸凌政策，甚少顾及这些单边主义和保护主义的做法对国际贸易体制和全球供应链稳定的破坏。随着贸易保护主义和国际贸易摩擦的不断升级，以世界贸易组织为核心的，基于开放、规则的国际多边贸易体系的完整性受到空前挑战，世界贸易组织自身也逼近"何去何从"的临界点。与此同时，自从特朗普政府宣布美国退出《巴黎协定》后，全球气候治理机制的有效运行也面临严重阻碍。冷战结束以来，基于多边主义的规则和机制已经成为国际秩序稳定的重要基石，也是国际社会的共识。美国曾是现有国际秩序的重要建设者和维护者，如今正日益成为影响国际秩序的最大的不稳定力量。

第三，认同政治的浪潮正扑面而来。在经济全球化席卷世界多年后，许多发达国家和发展中国家中重新勃兴的民粹主义、保护主义和本土主义思潮和运动都带有不同程度的反全球化和反全球主义的认同意识，正深刻影响政府的决策和行为。这些反全球化和反全球主义指向的思潮和运动，都与当前世界经济以及各国国内经济社会演进过程中存在的发展赤字、治理赤字、改革赤字密切相关。在一些欧美发达国家，这些思潮和认同政治的发展已经演变成一种新的族群主义（neo-tribalism）认同的泛滥，其突出的政治理念是排斥外来移民、戒惧国际贸易、敌视所谓"外来者"对"自我"生活方式和价值观念的冲击，包括外来的物流、人流以及思想流。这种认同政治的强化不仅进一步加深了这些国家社会内部的分裂和政治极化的态势，还外溢到国际经济、国际政治和外交领域里，加剧了世界政治中所谓"我们"与"他者"之间的身份认同的对立。

综合上述三大趋势，我们不禁要问：当今世界是否将不可避免地走向大分化？如何有效管理国际秩序演变过程中融合的力量和分化的力量之间的张力？国际社会的各利益攸关方能否通过集体努力来共同遏制这种紧张的加剧甚至失控？对上述问题恐怕没有简单和既成的答案。但有一点是肯定的，国际社会迫切需要共同努力，通过构建新的国际共识和拓展共同利益，来缓解大分化的压力。

首先，国际社会需要共同努力，阻止冷战的幽灵从历史的废墟中死灰复燃。历史学家和国际关系学者已经对人类历史上无数次大国之间对抗冲突的案例进行了梳理，其中包括不少因决策者的战略失误而导致的悲剧，并总结出不少经验教训。这些教训包括彼此误判对方的战略意图；彼此错误处理相互之间的"安全困境"；忽视国际关系中"自我实现预言"的效应，即一国出于国内政治考虑及转嫁国内矛盾，营造所谓"外部敌人意象"，从而导致国际关系尤其是大国关系不断恶化。如今，美国及西方世界中的部分人士继续沉溺在赢得冷战的记忆中，甚至幻想着通过挑起又一场所谓对华新冷战从而使得美国重新强大。我们能否真正吸取过去的历史教训，拒绝冷战的诱惑，避免大国对抗的陷阱？

其次，国际社会应该加强合作，遏制单边主义对多边主义的侵蚀，同时更积极地推动多边主义国际机制的改革，不断完善全球治理。当前，对全球化的不满明显增加，对基于多边主义的全球治理的失望也日益增长。如何在维护国家主权（包括经济发展利益和国家安全利益）与共同推动有效的全球治理之间形成更可持续的平衡关系，是全球化和全球治理面临的重大挑战。但同样显而易见的一点是，对于我们这样一个联系紧密、相互依存不断加深的世界而言，面对越来越多的全球问题，单边主义绝不是好兆头。实行单边主义对单个国家而言也许有其吸引力，但由此所产生的问题将远多于其想解决的问题。全球问题需要全球解决方案，合作应对是唯一出路。

最后，国际社会需要创新思维，推动构建新的集体意识和认知共识。当前关于世界政治和经济发展的国际话语结构中，主流的叙事方式和分析框架依然是基于权力政治（power politics）的逻辑和认同政治（identity politics）的逻辑。尽管上述叙事逻辑依然具有一定的解释力和影响力，但已经无法涵盖当今世界政治和经济的发展现状和未来的演变方向。我们需要构建一种新的叙事方式和分析框架，我暂且称之为"发展政治"（development politics）的逻辑，从而能更全面地把握世界发展的内在动力及其发展方向。

从历史发展的宏观角度看，无论是全球化的发展还是国际秩序的演变，都将同当前非西方世界的新一轮现代化进程与西方世界正在进行的后现代的再平衡进程的走势密切关联。包括中国、印度在内的新兴经济体在前一个进程中扮演着关键的角色，而美国和欧洲等在后一个进程中扮演着关键角色。

就前一个进程而言，冷战结束以来，大规模的现代化进程席卷了非西方世界。到 21 世纪的第二个十年结束之际，广大的发展中国家，包括人口最多的中国和印度，以及东南亚、拉丁美洲和非洲，已经基本完成了现代化的初步阶段，即从低收入国家向中等收入国家的过渡。根据世界银行报告的数据，在世界银行 189 个成员国中，有将近 40 个国家是发达经济体；在 150 个发展中国家中，有 108 个国家已进入中等收入阶段，即所谓的中等收入国家。它们的总人口超过 55 亿人，约占全球 GDP 的 1/3，其中约有 40 个国家是中高收入国家。

今天，越来越多的发展中国家正在现代化的初级阶段基础上集聚力量，开启向中高级现代化迈进的新征程。这一进程在人类历史上是前所未有的。如果新一轮现代化取得成功，意味着未来 20—30 年时间里，在西方世界之外的超过 40 亿的人口将成为中产阶级，这是人类发展历史上空前的现代化，因为其所涉及的人口规模、地域范围和历史意义都远远超过前两个世纪的世界现代化进程。与此同时，非西方世界的新一轮现代化进程正面临着前所未有的挑战和困难。发展中世界面临的共同挑战是能否在不发生重大动荡的情况下步入更为先进的现代化阶段。从发展中国家国内角度看，这方面的主要问题包括国家现代化治理能力的全面提升，包括经济、政治和社会等结构的不断完善。来自外部的挑战主要是，由西方主导的现有的国际体系是否能够容忍和容纳非西方国家的集体崛起。

与此相对应的是，西方世界作为一个现代化向后现代阶段转型的整体，在冷战后新一轮经济全球化和科技进步浪潮的席卷下，其经济、政治和社会结构正面临着日益增多的内部发展和治理的转型压力，进入了我所称的"后现代化的再平衡时期"。其中一个突出的表征是，在许多西方发达国家，秉持开放、包容和竞争原则的全球主义、精英主义的力量，同基于保护和注重平等的地方主义、民粹主义的力量之间出现了日益严重的对立，他们分别代表了所谓"经济全球化和科技进步的受益者"同"经济全球化和科技进步的受害者"之间的分化和对立，加剧了西方内部的社会经济断层和政治极化的态势，并且正在加速反噬由西方发达国家开启的经济全球化的进程。因此，作为一个整体，西方世界迫切需要同时对自身国内治理和推动国际（全球）治理注入新的动力。就其内部经济、政治、社会等治理而言，西方世界应该通过自身的改革，提升其体制支持内部包容、普惠以及均衡发展的能力，以此保持自身政治、经济和社会体系的稳定，从而能够协调所谓全球主义和精英主义同本土主义和民粹主义之间日益对立的关系。就其与非西方世界的关系而言，西方世界特别是其领导力量应该认识到世界现代化进程的历史意义，尤其是非西方世界群体崛起的历史意义，通过不断完善内部体制和扩大现有国际体系的包容程度，来推进整个世界现代化和世界和平繁荣的进程。

因此，当非西方世界的新一轮现代化进程与西方世界的后现代转型进程相遇时，两者究竟是以包容、稳定、合作的方式互动，还是以排他、对抗、混乱的方式互动，将对世界政治的未来走向产生深远的影响。换言之，未来世界究竟走向大融合还是大分化，将在很大程度上取决于发达国家的后现代转型和发展中国家的现代化发展能否都取得成功，并且相互之间以何种方式互动。

因此，国际社会比以往任何时候都更需要凝聚新的共识，在未知的海洋中同舟共济。如何审视和研究当今世界政治经济格局的转变和发展趋势，对于研究者而言是挑战也是使命。上海国际问题研究院推出的"国际展望丛书"，正是为此目的。同时，也借此庆祝我院成立 60 周年。

陈东晓

2018 年 10 月

自　序

　　年过七十的人，大多爱追忆往事，而笔者一生最大的往事就是 40 多年的国际问题研究工作。恰好笔者所在的工作单位——上海国际问题研究院鼓励和帮助资深研究人员将过去的著作结集成册，并列入"国际展望丛书"予以出版。于是，笔者整理了2000 年（即进入 21 世纪）至 2023 年公开发表的论文，选出有代表性的辑成以下三本：第一本《动荡变革期世界发展和趋势：百年大变局中的观察与分析》、第二本《波澜壮阔的中国特色大国外交：实践自觉和理论自觉的视角》、第三本《自主知识体系建构及其途径：国际问题研究的思考和探索》。

　　国际问题大家都很关心且人人都可评论，似乎门槛很低，然而，国际问题变化多端，充满着不稳定性、不确定性，甚至不可知性，需要专业工作者进行专门研究。作为社会科学的一个分支，国际问题自有其发展规律和运作机制，专业工作者的任务就是要在研究、教学、人才培养中结合实际进行实践探索和理论创新。

　　笔者在有关国际问题的研究、教学、人才培养和实践中由浅入深、从具体到综合、从个性到共性、从历史和当前到未来等，在不断追求相对真理中逐步接近绝对真理。作为阶段性的总结，笔者自 21 世纪以来的国际问题研究工作大致可以概括为"论事明理、认清时势、正确判断、理论建构、使命担当"。

首先，研究国际问题大多始于"论事明理"。世界事务包罗万象，不断变化，能梳理出来龙去脉并作出分析判断就是在国际问题研究方面迈出重要的一小步了。笔者是在改革开放元年进门入行的，当时因国家长期封闭的缘故，对外部世界所知极其有限。现在看来，当时的许多研究其实也就是资料的搜集和整理工作。但在那样的条件下，要把国际上发生的事情说清楚，又谈何容易。当时主要的信息来源是《大参考》。此外，单位花费了宝贵外汇订阅的《纽约时报》和《泰晤士报》等报刊的航空版，最快也要出刊后三四天才能收到。为了争取时效，笔者所在单位还获准收听外电外台。这些使外人非常羡慕的国外资料，实际上还是远远落后于世界发生的大事和小事，更不能进行真正意义上的国际学术交流和田野调查等。至于当时那些做卡片、贴剪报、搞摘抄等工作方法，对于当下习惯于电脑、网络、手机的年轻同事们来说是难以想象的，而我们就是这么一路走过来的。

其次，认清时势是中国学者研究国际问题的"看家本领"。从古至今的大家名人，对时代和趋势都有深刻的研究和透彻的领悟。就是中国老百姓，大多也会说"时势造英雄，英雄造时势"这样富有历史观和哲理的话语。认清时势的前提是科学分析和正确判断，这是基于和难于"论事明理"的更高层次的研究。国际问题研究以时政和动态研究为主，往往事发突然，决策情况多因保密而难知其详，而公开的信息资料虽多但需大浪淘沙后方可使用。在此条件下，作出科学、客观和正确判断的难度可想而知。但是，笔者认为，在正确的理论指导下，从历史中寻找启示、在现实中观察分析、到未来时比较检验，符合在不断的往复循环中进行比较和逐步摸索的认识规律，因而也就不失为行之有效的办法。研究国际问题就是为了认识世界和把握规律，争取在顺境时乘势而上，在逆境时蓄势待发。当代的中国国际问题研究要学以致用，为中国的改革开放和现代化建设创造有利的内外环境。因此，研究国际问题要小中见大、大小结合，搞清楚一次事件和一个问题固然重要，但更重要的是，要通过具体问题的研究认清时代潮流、明确历史方向。由于宏观研究和大局把握需要广博的知识、扎实的研究和合适的方法，笔者认为由比较资深的专家学者承担这样的任务比较合适。

再次，在扎实研究基础上进行科学和客观的分析判断。国际问题研究对象和问题众多，都需要我们透过现象看本质。但是，如果说过去的分析判断苦于信息的不足，那么当前的问题则是信息泛滥，真假难辨。而且，专业研究还受到快餐式需求的严重影响，数十年来的手机阅读和网络文化不仅广泛而深刻地改变着人们的思维习惯，也日益影响着专家学者的研究方法和表述形式，碎片化和即时性等干扰着客观和深入的研究。面对这些挑战，专家学者更加要沉得住气，去伪存真，抓住本质，尽可能地客观分析，作出正确研判。

接次，"理论建构"不是所有国际问题研究工作者都能做到的，但却是学界同仁们的努力方向。提高理论认识水平和建构能力是国际问题研究的高层次追求，也是理论自觉的起点和归宿。就当代而言，中国国际问题研究的理论建构包括但并不限于以下四个方面。其一，政策决定和实施的原则、机制和调整的理论研究，这属于"决策论"，虽然只是理论的起步，但却是不可或缺的组成部分。在相当长一段时间里，这个问题是一些在海外求学和工作的中国籍或华裔学者的研究重点。笔者也曾撰写过一部专著：《后冷战时期的中美关系——外交政策比较研究》（上海人民出版社 2000 年版）。其二，国家大战略、国家总体外交战略和重要领域战略在中国国际问题研究的理论中占有特殊的地位，主要研究中国传统战略思想、当代中国战略理论和国际战略理论比较等。例如，邓小平国际战略思想要先于邓小平外交思想成为中国政界和学界的通用概念和常用词汇。其三，国际问题研究的专业理论体系建设。党的十八大以后，在习近平外交思想指导下，国内学界加强了中国特色大国外交理论的体系化建设，笔者也为此而进行探索和创新，撰写了多篇学术论文，出版了多本专著，后者如《中国外交理论和战略的建设与创新》（上海人民出版社 2015 年版）和《中国特色大国外交的理论探索和实践创新》（世界知识出版社 2019 年版）等。其四，政治理论、专业理论和学术理论的融合发展。这项工作的重点和难点在于应对中国走向和走近世界中心所需的实践探索、学术研究和理论创新等。即便如此，中国学界同仁们在困难面前倍加努力，笔者的《习近平外交思想的科学体系》（载习近平外交思想研究中心编著：《习近平外交思想研究论文集》，世界知识出版社 2022 年版，第 1—21 页）也是相关研究的最新心得。

最后，"使命担当"是国际问题研究工作者的动力和目标。国际问题瞬息万变，但国际问题的研究要有定力，不能为博取眼球而故作惊人之语或大肆炒作，更不能为赢得流量而使严肃的专业研究沦为赚钱的产业。相反，国际问题研究在中国的改革开放和现代化建设中负有重要的使命。一是要有理想信念。中国正在通过中国式现代化实现中华民族的伟大复兴，我们不仅要当这一历史进程的见证者，更要当参与者。而且，中国崛起是当今世界最为重要的事件之一，中国式现代化和中华民族的伟大复兴也是人类社会进步的重要组成部分。作为学者，我们要常怀经国济世的理想，常做联系实际的研究，要把论文写在祖国甚至世界的大地上，要把研究成果转化为生产力，通过专业和学术工作造福人民。二是要高举公平正义的旗帜。中国历来主张公平正义，而作为中国的研究者，我们要比西方学者更有正义感和使命感，争取早日实现"中国应当对于人类有较大的贡献"的伟大理想。三是要为建设新型智库夯实基础和培养复合型人才，前者的重点是为国家做好咨政建言工作，后者的重点是促进人才流动和转换。而且，还要从更加长远和广阔的视野看，中国的国际问题研究和教育应当走向世界、示范世界和引领世界。

当代的国际问题研究工作者始于"学业"和"职业"，并追求"专业"和"事业"。就专业和事业而言，当前的一项重要任务就是要建构国际问题研究的自主知识体系。习近平总书记2022年4月25日在中国人民大学考察时指出："加快构建中国特色哲学社会科学，归根结底是建构中国自主的知识体系。"笔者在从事国际问题研究的岁月里，逐步参与了中国特色国际问题研究自主知识体系的建设。初步确立和实践了以下五个方面的理念。

第一，用好现有知识。包括学科知识在内的人类知识体系的建构是个不断传承和不应中断的发展过程。在求知和用知的过程中，笔者认识到，对古今中外所有的知识，不要轻易否定。"文化大革命"期间"破四旧"是笔者挥之不去的梦魇，如此的历史教训令人叹息不已。对于一时难以确定的，可以先予留存，时间和实践往往是最好的检验者。

第二，形成新知识。冷战结束以来，中国在国内发展、国际关系和全球治理等方面进入了知识更新和创新的新阶段，有些新知识已经脱颖而出，更多的也是呼之欲出。例如，中国特色大国外交和国际关系理论、地缘战略和地缘政治、经济科技新变化、全球治理新问题新机制、地区和跨地区的新态势新趋势等，凡此种种，不一而足。需要指出的是，新知识的形成和发展有其自身规律，不可能一蹴而就，既要有见微知著的洞察力，也要有春风化雨的转化力。

第三，创立新学说。当代中国方兴未艾，新思想新理念新学说不断涌现。在当前中国的区域国别学学科建设中，或在改造旧有学说中推陈出新，如从中心-边缘论向东升西降论的蜕变；或在更新原有学说中与时俱进，如地缘政治向地缘生态的拓展；或在假设新的学说中创新发展，如航空航天向天外关系的升华等。在中国创造新学说的进程中，笔者的作用虽然微不足道，但念兹在兹，常绕于心，付之于行。

第四，体现新特点。与西方相比，中国的国际问题研究自有特点。在历史上，我们批判西方的殖民主义、帝国主义、霸权主义，以及西方中心论和优越论。在现实中，我们强调包括中国在内的发展中国家的国家主权、安全和发展利益。在未来努力方向上，我们高举合作共赢公平正义旗帜，分阶段推进人类命运共同体。

第五，建构新体系。建构新的知识体系需要量变、催化和质变三个阶段，即新知识的巨量积累，继而形成具有催化作用的关联结构，最终质变为系统整体的新体系，需要从感性到理性的长时间实践、探索和理论总结。此外，创造或具备突变的催化条件是从量变的循序渐进到质变的关键过程，中国的区域国别学和国家安全学成为国家一级学科就是一次重要的飞跃，其基础是同行们的不懈努力，其催化则是内外的客观需要。而且，要探索各种构建新体系的途径，有的是在已有成果上逐步形成的，有的则是在创新假设中逐步落实的。就中国的国际问题研究的自主知识体系建构而言，大概率是以前者为主后者为辅。

"温故而知新。"笔者通过对过去 20 多年研究工作的系统梳理和回顾总结，确实又有了新的、更加深刻的认识。前述关于国际问题研究的诸多"应然"和"已然"，多少带有学者的理想追求和书生意气。事实上，在过去的 25 年里，笔者虽然努力思索、勤于笔耕，但成果终究不多，而选入这三本的则更加有限了。从某种意义上讲，笔者的点滴心得体会或许对同行特别是中青年学者多少有些启迪，对广大国际问题的关注者或许也会有所帮助。

是为序。

杨洁勉

2023 年 11 月 30 日

前　言

　　中国的国际问题研究工作者的首要和基本任务是以专业服务国家，具体来说就是服务于中国的改革开放、现代化建设和中华民族的伟大复兴。与此同时，还要服务于世界的和平发展与造福各国人民。为此，"要做外国通，先做中国通"，研究中国和世界各国的外交关系则是认识国情、了解世情，进而服务于建构人类命运共同体的重要途径之一。

　　但是，笔者最初的认识并非如此。我和不少同行一样，最初只是一般地关心国内问题而难以使国际问题研究服务于国家利益。笔者从不惑之年开始逐步认识到这点，并开始在研究国际问题时也关注和研究国内问题，重点当然是中国的外交思想、战略和政策等。从知天命之年起，笔者开始把中国外交和国际关系结合研究，而且随着资历的加深有了更多的学术外交和"二轨"外交的机会。经过二十多年的艰苦研究和认真思考，笔者撰写了一批学术著作，为今天的结集成册打下了基础。

　　本书分别以"发展轨迹""战略谋划"和"理论建设"为上、中、下三编。上编为"发展轨迹"。笔者确实认识到历史研究是基础。笔者在中华人民共和国成立 50 周年、60 周年和 70 周年时的总结和综合性研究帮助自己步步深入和不断提高，但限于篇幅，只选了《中国外交 70 年：实践创新和理论建设》一文。而且，研究中国外交要抓住新的重点或增长点，奥运外交、世博外交、对非外交和公共外交等都是中国特色大国外交的重要内容，因而需要进行学术研究和学理阐述，至于中国外交中的"大国关系"因在《动荡变革期世界发展和趋势：百年大变局中的观察与分析》的中编已有专门讨论，在此就不再重复了。

中编为"战略谋划"。中国的政治制度决定了其外交的长期性和稳定性特点，因而外交战略的谋划和部署就更加重要和有效了。本编所选的论文主要从三方面论述和分析了中国的外交战略。一是中国传统战略思想和中国化马克思主义战略思想对外交的指导，如坚定不移的战略目标、全面统筹的战略部署、处变不惊的战略定力、持之以恒的战略耐心等。二是中国外交战略在国际形势和内外环境急剧变化条件下的调整和发展，特别是在美国伙同一些西方国家对华实行战略围堵和极限施压的新形势下，中国不仅进行战略应变，而且提出新的战略思路和进行新的战略部署，从而不断提高中国的战略主动性。三是中国运用与时俱进的战略应对动荡、战乱等全球性挑战，而且提出了更具示范性和引领性的战略倡议，如全球发展倡议、全球安全倡议、全球文明倡议等，并逐步在对外关系中予以落实。

下编为"理论建设"。在逐步深化研究中国外交时，进行理论总结和提炼具有相当的难度，而理论创新和体系建设则更是难上加难的艰辛任务。笔者深信，中国不但要有大国外交的实践，还要在此基础上有大国外交的理论。笔者在建构中国特色大国外交理论体系中主要进行了以下四方面的努力。一是研究中国外交所处的内外环境，坚持一切从实际出发，一切以实践为本原。

二是确立中国外交的基本思想，坚持中国优秀传统思想理论和中国化马克思主义，坚持中国的外交理想和信念。三是进行中国外交的战略思维，坚持科学的战略目标和顶层设计，坚持适度的战略灵活和战略调整。四是重视中国外交的政策举措，坚持新中国成立以来诸如独立自主的政策原则，坚持与时俱进的政策调整和创新。

习近平总书记指出："党的十八大以来，在党中央坚强领导下，面对国际形势风云变幻，我国对外工作攻坚克难、砥砺前行、波澜壮阔，开创性推进中国特色大国外交，经历了许多风险考验，打赢了不少大仗硬仗，办成了不少大事难事，取得了历史性成就。"[1]当然，中国还将经历更多风险、考验，需要打更多大仗、硬仗，办成更多大事、难事，取得更多历史性成就。因此，我们需要更加深入持久地进行有关的研究工作，并与国际学界共同开创中国特色大国外交研究的新局面。

---

[1]　习近平：《习近平谈治国理政》（第三卷），北京：外文出版社 2020 年版，第 426 页。

目　录

上　编

发展轨迹

全球化中的奥运会和中国外交的新任务 *

全球化和信息化的浪潮正在冲击着世界的各个角落和领域，改变着国际关系的内涵和外延。作为世界体育盛事的奥运会也正在成为影响当前国际关系的重要因素。围绕 2008 年 8 月北京奥运会的国际互动正在逐步展开，并对中国外交提出历史性的新任务。

一、 国际关系中的奥运因素

围绕北京奥运会出现的国际政治新动向再次表明，在全球化时代，国际关系的内涵和外延都在发生重大，甚至是质的变化。就奥运因素而言，它在当代国际关系中具有以下特殊的意义。

第一，在全球化时代，奥运会已经成为多元价值、多重目的和多边外交的总体互动平台。由于奥运会的全球参与程度和影响，它在全球性和综合性互动中，在传统和现代媒体的中介下，已经成为国际互动和宣示各方主张的重要场所。例如，主办方借助奥运会对内凝聚力量和对外加强互动、树立形象，参与方借助奥运会参与竞争、合作及宣传自己，评论方借助奥运会展示理念和影响世界，而世界范围内的观众则以此进行和平、友谊、合作的感情宣泄和交流。

第二，非国家行为体在涉及奥运会的互动和联动中具有有序和无序相

---

* 原文载《国际问题研究》2008 年第 4 期，第 13—18 页。

间的特点。在以体育为主要载体的奥运会展开的各种活动中，国家行为体虽然承担着重要的职能，如决定政策、举国动员、总体调度、安全保障、后勤支持等，但在前台"唱主角"的毕竟是非国家行为体，参与者也大多是非国家行为体，如运动员和裁判员、志愿者、观众、体育机构、媒体、非政府组织等。难以计数的非国家行为体在同一舞台上为着共同或相异的目标进行非常复杂的互动，而在国家行为体之间、非国家行为体之间以及两种行为体之间缺乏整体协调机制的背景下，非国家行为体在涉及奥运会的各种活动中的有序和无序相间的特点就显得尤为突出。进入21世纪之后，奥运会越来越成为国际政治博弈的一个重要舞台，关键的原因在于它为各种非政府组织、全球市民社会团体提出自身政治诉求提供了难得的扩大影响的平台，反全球化运动在都灵冬奥会和雅典奥运会之前的表演就充分说明了这点。

第三，行为体形态变化具有时代意义。非国家行为体在奥运会中作用的提升从一个侧面反映了市民社会的迅速发展。在全球化时代，非国家行为体日益活跃，对民族国家正产生越来越大的冲击。随着媒介的扩展、交通方式和通信手段的多样化和快捷化，世界各地的人们越来越对世界的其他社会有所了解，并意识到世界是一个整体。虽然人们可能在地理和物理意义上不处于同一个空间，但是借助先进的通信技术依然能够保持同步性、同时性，在心理意义上有着共同体的感觉，在行动上能够异地而同时作为。奥运会作为超越国家、民族、种族和宗教界限的全球性运动会，成为实现这一愿景的重要途径之一。

第四，各种政治力量利用奥运会提出政治主张和设置政治议题。近些年来，奥运会受到宗教、人权、环境、能源等问题的政治化冲击日趋明显，几乎涉及社会生活的方方面面。仅举一例说明，一个名为"居住权利和驱逐中心"（Center on Housing Rights and Evictions）的组织就指责奥运会在过去20年时间里使200多万人流离失所。[1]围绕奥运会的斗争实际上反映

---

[1] 参见"Fair Play for Housing Rights：Mega-Events，Olympic Games and Housing Rights"，http://www.cohre.org/viPw_page.php?page_id＝270。

的是国家和市民社会之间的一种张力，是各种力量利用奥运会扩大影响和实现目标的政治行为。

第五，国际体系主导行为体的战略考虑。国际奥委会是世界最主要的国际非政府组织之一，四年一度的奥运会的影响力已远远超出体育领域，向国际政治、经济、文化、宗教、教育等领域溢出。在当前国际体系处于和平转型的历史关键时期，各方力量在构建国际体育体系和秩序方面的互动实质，就是国际力量对比、国际机制权衡和权利重新配置的根本问题。进入 21 世纪以来，新兴大国在国际硬实力对比中日益呈上升趋势，新兴大国群体的集体性崛起增加了它们在国际体系话语权和规制权中的分量，直接影响到在近现代国际体系中一直处于主导者和获益者位置的西方大国的权益。西方大国对奥运会的关注远远超出了体育本身，它们将奥运会作为维护其在整个国际体系中的主导和优势地位的重要组成部分。

第六，从深层次上来说，奥运会已成为各国争取在国际体系价值观和道德规范竞争中抢占先机的重要竞技场。与国际政治和经济的转型同步的是，国际文化也在发生重大的变革。在当前国际关系开始超越狭义的利益而更加关注价值观和文化等软实力的历史新时期，道义价值、意识和观念等也开始参与对整个世界的塑造。全球化加剧了不同观念之间的交锋，这种交锋的结果会从不同方向影响国际体系的组织规则，奥运会正成为其中一个关键的交锋场所，奥运精神也正处于被重新审视和升华的历史进程之中。在此变动时期，世界各种力量都在利用奥运精神的重新诠释和定义来进行软实力的竞争，因此，某些政治势力以此干预主办国国内事务也就不难理解了。

二、艰难的奥运非政治化进程

根据《奥林匹克宪章》，任何组织和个人都不应在奥运问题上掺杂或滥用政治，即奥运会应当非政治化。[1]作为奥运精神的集中体现，奥运会在

---

[1] 参见《奥林匹克宪章》，http://multimedia.olympic.orR/pdf/en_report_122.pdf。

不同程度上传播了可以高度概括为"和平、友谊、进步"的宗旨。但奥运会非政治化的这一良好愿望往往受到各方面的干扰。其中表现突出的就是各种类型和规模的政治抵制，尤其在冷战期间发展到了登峰造极的程度，甚至一度使奥林匹克运动陷入严重的危机之中。随着冷战的结束，谋和平、求发展、促合作成为国际社会的主要发展趋势。在这种时代背景下，奥林匹克运动也逐渐走出了过去由大规模抵制引发的危机，迎来了新的大发展时期。首先，在全球化加速发展、公众交流日益密切和广泛的环境中，以国家为主体的政治抵制方式被摒弃，因为抵制明显不符合时代发展的主流。其次，从历史上的情况来看，抵制鲜有成功案例，其结果往往是三败俱伤，对主办国、抵制方和国际奥林匹克运动都造成了很大的损害，抵制不是解决问题的正确方法。最后，随着国际奥林匹克事业的发展，国际奥委会的独立性和影响力与日俱增。在冷战中，国际奥委会在一些西方国家的压力下，曾禁止参加过 1963 年印尼新兴力量运动会的运动员参加东京奥运会。为此，印尼和朝鲜正式宣布抵制东京奥运会。作为奥运会的主办者，国际奥委会认识到，抵制奥运会的行为对其损害极大。20 世纪 80 年代以来，国际奥委会一直致力于超脱政治与权力斗争，专注于体育本身。随着奥林匹克运动的发展，国际奥委会的地位不断上升，影响越来越广泛，使它能够在面对各主权国家的时候拥有更大的自主性，不必沦为国家间政治角逐的牺牲品。

"树欲静而风不止。"尽管政治抵制奥运会已经越来越不合时宜，但是国际政治斗争始终没有远离奥运会，政治从来就与奥运会如影随形。国际奥委会试图远离政治，但国际政治舞台上的权力斗争总是延伸到奥林匹克赛场上来。冷战结束后，在全球化的新时代背景下，围绕奥运会的国际斗争表现出许多新的特点。首先，斗争的主体发生了变化，出现了从国家为主到以各种非政府组织、利益集团和个人为代表的市民社会单元转移的趋势。其次，斗争的形式发生了变化，从硬抵制向软抵制的方向发展，以国家为单位的抵制可能性下降，但是以集团、个人或不同诉求群体为单位的抵制要求上升。最后，斗争的领域大为扩散，从环保、人权、宗教到反全球化等议题，都试图利用奥运会大做文章。最近的一例就是，国际上一些政治力量利用北京奥运会试图在全球掀起一场大规模的反华闹剧。

三、 奥运会对中国外交提出的新任务

中华人民共和国成立以来，中国和奥运的互动历经曲折。改革开放后，中国在 1984 年洛杉矶奥运会上一鸣惊人，令世人刮目相看，在 2001 年又取得了 2008 年奥运会的主办权。中国在和平发展道路上综合国力的持续上升是中国举办奥运会的根本基础，而使北京奥运会成为成功和具有特色的奥运会是海内外炎黄子孙的共同愿望。世界绝大多数国家和人民支持中国举办北京奥运会，衷心祝愿和全力支持北京奥运会的成功。但是，纵观围绕着北京奥运会出现的各种干扰，中国外交也面临以下新的任务。

第一，举办一次成功的奥运会是中国总体外交的重要组成部分。经过 30 年的改革开放，中国的总体经济实力已经在世界上名列前茅，中国的软实力也在日益强大，中国的成功经验在国际社会中，特别是广大发展中国家中引起了强烈和积极的反响。中国作为参与者、维护者和建设者，正在对构建中的新国际体系产生着越来越重大的影响。奥运会作为中国和平发展的重要标志，必然会受到一些反华力量的攻击。事实上也是如此，它们利用北京奥运会集中向中国发难，抹黑中国，干扰奥运。因此，中国涉及奥运的首要和迫切的外交任务就是排除干扰，确保奥运会成功举办。但是，中国涉及奥运的外交更是推动国际体系和国际秩序朝着更加公正合理方向发展的外交，维护世界和平、发展、合作的外交，推动建设和谐世界的外交。中国在涉及奥运的外交中所体现的国际合作共赢的理念和实践得到了国际社会大多数成员的支持。正如国际奥委会前主席萨马兰奇所说的那样："选择北京举办奥运会是十分正确的，我从不为此后悔。中国最近 25 年来发生了惊人的变化，经济发展举世瞩目，最大的受益者是人民。"[1]

---

[1] 2008 年 3 月 30 日和 4 月 7 日，萨马兰奇分别接受西班牙主要媒体《阿贝塞报》和《国家报》专访，就北京奥运会及相关问题发表想法，参见 http://www.fmprc.gov.cn/chn/wjb/xwbd/t423258.htm。

第二，中国同西方大国的碰撞、竞争和磨合将是个长期的过程。一方面，改革开放以来，中国逐步改善了同西方大国的关系，建立了中美建设性合作关系、中欧战略伙伴关系和中日战略互惠关系等，双边的经济关系日益密切，多边的外交合作也在积极进行。另一方面，中国同西方大国在平衡新兴大国和传统大国关系、尊重对方的社会政治制度、照顾对方的核心和重要利益、确立相互平等对待等方面依然存在原则的分歧。一些西方大国在被迫承认中国在经济方面发展的同时，试图在价值观上挤压中国，在北京奥运会问题上大做文章。因此，中国对同西方大国关系的两面性、复杂性和曲折性要有充分的认识和准备，但也不能把问题看得太严重而做出过度反应。

第三，争取在多边重要舞台上演出中国外交的新剧目。在中国改革开放的进程中，对外关系中的多边因素日益增加，而涉及奥运会外交的多边性则是在新时期对多边舞台的重要内容。其一，中国全方位、宽领域、多层次外交的内涵更加丰富，政治、安全、经济、文化、体育、环境、卫生等的互动性和关联性更加密切。其二，中国多边外交的内外统筹任务更加突出，奥运会、世博会等重大多边交流已经并必将成为中国多边外交中更重要的任务，需要在中央的统一领导下，由各部门和各地方进行总体外交的通力合作。其三，中国多边外交"官民结合"的任务更加迫切，涉及奥运会的国际政治斗争显示了国内网民和海外华人在"草根外交"上具有官方外交不可替代的作用。其四，中国多边外交完善危机管理机制的任务更加复杂，这是一项集理论准备、机制建设、人员培养、事先预防、临场反应、善后处理等于一体的系统工程。

第四，重视非国家行为体在世界事务中的作用。不言而喻，中国政府的外交向来而且应当以国家为主要行为体、以政府为主要对象。但是，在全球化时代和面对日益增加的跨国问题，中国的外交要超越"国家行为体中心"论，充分认识全球市民社会的必然趋势，重视非国家行为体在中国国际战略和对外关系中的地位和作用。同时，中国要统筹国内国际两个大局，积极培育和正面引导国内市民社会的健康发展，造就千百万的相关优秀人才，提高中国在全球市民社会的话语权，最终打破西方的垄断。在制定和实施有关政策时，要充分发挥非国家行为体的作用。全球华人在传递火炬过程中的保驾护航即成功的一例，中国需要认真总结，并将其提升到理论和系统的高度。

第五，增强议题设置权的软实力。从某种意义上讲，掌握了议题设置权就是掌握了主动权。中国在过去 30 年里为世界提供了大量的物质产品，今后应该为世界提供更多的公共产品，例如确立国际社会迫切关注的议题等。自中国于 1991 年首次提出申办奥运会以来，反对者就设置了极其广泛的议题，涉及了人权、宗教、环境、能源、"西藏问题"、达尔富尔、缅甸等，不同议题之间还形成了一定的联动效应。由此可见，涉及奥运会或有关其他的议题从来就不是孤立的，而是相互联系、互为因果的。中国外交的一个任务就是提出国际社会普遍关心的议题，提出应对和解决这些议题的原则和理念。唯有如此，中国外交才能反映国际社会的民心民意，才能掌握主动，才能取得成功。

第六，主动发挥媒体在中国对外关系中的积极作用。在攻击和反对北京奥运会的运动中，西方的媒体发挥了极其重要的作用。"当前国际舆论基本是由西方国家（尤其是美国）主流媒体占主导，并按其价值观来制造国际舆论，垄断主要国际媒体且主导着大部分信息传播的内容与流向。这是因为西方传媒业无论在数量、质量、覆盖面、信息量，还是国际影响力等方面均居主导地位。亦即，西方媒体能有效设置国际舆论中的议题，西方媒体（尤其是美国媒体）的报道议题很容易成为国际舆论的主要议题。"[1]这在当前针对北京奥运会的国际新闻传播中体现得十分典型，其中有两个特点特别突出。一是西方媒体利用其在国际传媒中的话语权，主动挑起反对北京的议题，有意识地曲解原意或者脱离语境[2]，或者用虚假信息误导

---

[1] 马丽蓉：《西方筑权语境中的阿拉伯——伊斯兰问题研究》，北京：时事出版社 2007 年版，第 11 页。

[2] 例如，2006 年 4 月 12 日，英国《金融时报》发表了有关美国指责中国"出口"空气污染物的报道。该报道称，美国环保署署长史蒂芬·约翰逊透露"中国在向远至美国等地排放大量的空气污染物，其中包括燃煤电站所排放的汞物质"，"这是（中国污染）对美国最为直接的影响"。但是，后来约翰逊在访华时，纠正并驳斥了《金融时报》的报道，他说："很不幸的是他们错误地引用了我的话，而且没把我的话放在整个语言环境里，而是错误地孤立起来。"

民众，造成先入为主的印象，采取羞辱中国和抵制奥运策略相结合的战略。二是西方媒体善于选择时机，根据公众在不同时期关注重点的不同，选择某个议题作为突破，形成梯次性发难的格局，保持反北京议题在公众中的热度。在争取国际舆论的理解和同情方面，中国外交不应只是后发制人、事后澄清，因为这样的代价太大，效果有时也不理想。在信息经济时代，舆论外交和公共外交应当成为中国总体外交的有机组成部分，事先调研和预作准备是争取友好型国际舆论环境的先决条件，而现代化通信和舆论工具则是极为有效的宣传手段。

第七，涉及奥运会的中国外交还是对中国总体外交的综合考验和实践检验。诸如奥运会这样周期长久、运作复杂、影响深远、问题众多的大型外事活动，考验着中国外交应对全球化和信息化的时代挑战，以及在世界范围内开展公共外交、打击恐怖主义和大规模防疫应变等方面的能力，也检验着中国的机制、理念、战略、政策、官方外交、民间外交、双边外交和多边外交等。而且，中国外交还需要认真总结由此产生的经验和教训，使之延伸到奥运会以后的中国的外交设计、外交机制改革、内外统筹、国际化通才和专才的培养等，充分发挥"外交"这一软实力在中国现代化建设中的作用。

四、结语

综上所述，中国获取 2008 年 8 月奥运会举办权，是国际社会对中国改革开放的肯定和对中国和平发展道路的肯定。在举国上下、海外华人以及世界各国政府和人民的支持下，北京奥运必将取得成功。在申办、筹办和举办奥运会的过程中，中国外交发挥了体制优势，全国努力，官民一体，克服困难，排除干扰，不断前进。同时，丰富而复杂的涉及奥运会的中国外交还给人以深刻的启示，要求中国在中国特色外交理论的指引下，不断进行思想创新、机制创新和议题创新，继续推进同发展中国家的关系，处理好同发达国家的关系，搞好全方位、宽领域和多层次的官民外交，迎接"后奥运外交"的挑战，为中国的发展营造更佳的国际环境。

中国世博外交：经验和创新 *

在党中央的坚强领导下，在举国上下一致努力下，上海世博会成功实现了"成功、精彩、难忘"的预定目标，走出了一条具有中国特色的"世博外交"之路。这不仅是世博会本身的创新，也是中国外交的创新，即随着全球化的深入、传统外交的演变、中国综合国力的日益增长等因素，中国外交逐渐发展出一个新的重要方面，这就是围绕举办重大国际活动而展开的外交，奥运外交和世博外交便是典型的例子。在国际体系转型、大国关系盘整、国家和非国家行为体交织、软实力和软竞争凸显的新形势下，我们要在奥运外交和世博外交成功的基础上，继续加强中国举办大型国际活动的理论总结和实践完善，使之上升为中国走向强国之路的外交宝贵财富。

一、 世博外交的定义和成就

（一）世博外交的历史和内涵

世博会从诞生之日起就与各国外交相关，其中既有帝国的欲望和大国的情怀，也有中小国家的期盼。根据《国际展览会公约》规定，世博会必然是政府行为，因为"所有参展邀请，无论发至成员国或非成员国，须由主办国政府通过外交途径发往受邀国政府，给该受邀国和该国其他受邀方。

---

　　* 原文载《国际展望》2010 年第 6 期，第 1—8 页。

答复须以同样的途径传递给邀请国政府，……如果上述邀请函未按本公约规定发送，缔约国不可以组织或赞助参加国际展览会"。[1]由此可见，世博会本身便是一个外交大舞台。但由于种种原因，在上海世博会之前的世博会上，从未真正开展过全方位的外交活动。就中国而言，虽自世博会诞生之日起就与之发生了联系，但在1905年中国政府正式将世博会承办权收回之前，中国并未真正从事过与世博会相关的外交活动。直至2010年上海世博会，中国才在此平台上进行了丰富多彩和卓有成效的世博外交。

中外政界和学界迄今对"世博外交"尚无一致的定义，但大多把重点放在展示国家形象和增进世界互动方面。笔者认为，"世博外交"是指围绕世博会而开展的各类外交活动的总和，当前特指中国以上海世博会为平台而展开的相关外交。中国的世博外交主要涉及政治外交、经济和科技外交、公共外交、人文外交四大领域。世博外交的主要目标是：展示中国和平发展形象，增进中国和世界的相互了解，深化中外互利共赢的发展理念，共享全球人类文明成果。作为中国外交的重要创新，奥运外交和世博外交等为全球化时代的中国总体外交提供了新的内涵和模式。

将重大国际活动作为中国外交的重要创新，世博外交具有深刻的时代背景和内外条件。首先，世博外交在21世纪国际力量重新组合中应运而生。中国积30多年的改革开放之成功而在综合国力上不断提升，并且在2008年的金融危机中发挥了突出的积极作用，中国举办奥运会和世博会也从不同的侧面反映了当前国际力量对比的重大变化。其次，世博外交是在全球化时代对传统外交的调整和发展。当代外交日益呈现泛化的特点，无论是行为体的倍增还是国际规则的变化，无论是全球性议题的突出还是价值观念的转换，都需要传统外交与时俱进。一方面，外交涉及的领域不断拓展，涵盖了政治、经济、安全、文化、教育等方方面面。另一方面，外交手段也在逐渐变化，多国会议、高峰会议、宣言外交、议会外交、公共

---

[1]《国际展览会公约》第十一条，载上海世博会主运行指挥部、上海世博会事务协调局、上海市人民政府法制办公室编：《中国2010年上海世博会法律规范汇编》，上海：上海社会科学院出版社2010年版，第7页。

外交等逐渐走上前台。世博外交恰恰体现了当前外交领域广、主体多、互动性强等特点。最后，世博外交也是中国外交发展创新的重要组成部分。一方面，中国已经形成了包括政府、政党、议会、民间等各方面全面参与的总体外交；各级地方政府也结合本地区的特点和发展需求，在配合和落实国家外交全局的前提下，推进了形式多样、务实有效的地方外事工作。另一方面，与外交主体的多元化相适应，中国外交手段也向多样化发展。中国不仅能熟练运用经济外交手段，而且在政党外交、军事外交、文化外交、公共外交等方面也取得了长足的进步。

（二）世博外交的主要成就

1. 世博政治外交的主要成就。

首先，中国政府通过世博外交平台积极开展首脑和重要政府间外交。2010 年上海世博会成为全球瞩目之处，是世界性的多边和双边外交盛会。在为期半年的世博会期间，除开幕式、中国馆日和闭幕式外，几乎每天都有重要官方代表参加的国家馆日和国际组织荣誉日等活动，外国政要贵宾纷至沓来，上海和纽约、日内瓦等共同成为 2010 年国际多边外交的中心城市。其次，中国通过世博会为促进世界和谐提供了重要舞台。中国国家领导人在世博会期间同大量来访的各国政要就双边及多边问题加强沟通，促进相互了解，增进相互信任，提升了中国的国际地位和影响。与此同时，世博会也为世界各国政府表述立场和推介情况提供了重要平台，参加世博会各项活动的国家元首和政府首脑达百余位之多，而诸如伊朗和津巴布韦等国际处境困难的国家的领导人则更是亲临世博会，争取世界舆论的同情和支持。最后，上海世博会的成功激发了包括美国在内的许多国家办博的热情，并为国际展览局和世博会注入了新的活力。在中国申博和备博的七八年间，国际展览局的成员从 89 个增加到 156 个。[1]在国际展览局的支持

---

[1]《上海：探寻全球化时代世博会的意义与出路》，新华网，2010 年 3 月 9 日，http://news.xinhuanet.com/politics/2010-03/09/content 13134910.htm。

下，上海世博会还在城市最佳实践区和企业馆等方面勇于创新，增强了世博会的时代感。

2. 世博经济和科技外交的主要成就。

首先，经济科技外交成为上海世博会的一大亮点和重点。在上海世博会的各项政府间外交活动中，各国国家元首和政府首脑率领的政府代表团中经济科技官员成为其主体，更多的则由经济、贸易、旅游等部长率团来访问，同时举行不同规模的经济论坛和贸易洽谈会。其次，上海世博会为中国和国际社会共同推动世界经济复苏提供了新的动力和思路。上海世博会的备博冲刺阶段恰逢金融危机，中国作为举办国实践了"同舟共济"和"共克时艰"的理念，世界各国也将上海世博会视为推动经济复苏和加强经贸合作的重要机遇。俄罗斯总统梅德韦杰夫亲自下令整改俄罗斯馆，希望其多展示俄罗斯现代化建设理念，吸引中国企业扩大合作。[1] 同样，中国各部委、各省区市和企业也借世博平台加强对外联系，开拓对外经贸渠道，利用主场之便为"走出去"创造了条件，还进一步巩固和发展了我国同世界各国双边及多边合作的基础。第三，上海世博会把高新科技、低碳科技、城市规划等提升到应对全球性问题的高度，更新发展理念，将其列入外交的重要议程。上海世博会充分调动了国家、次国家、地方及企业等各类行为主体的积极性，各展馆、论坛和活动竞相推出各种先进理念和实例，推出应对环境污染、资源紧缺、贫富差距等问题的战略和举措，使世博外交在解决当代全球性问题上发挥了更大的作用。

3. 世博公共外交的主要成就。

正如全国政协外委会主任赵启正所指出的那样，上海世博会是公共外交的大舞台，办博期间大量中外友好交往的整合是对公共外交的生动诠释，值得充分搜集、总结和传播。[2] 首先，上海世博会为中国和世界各

─────────────

[1] 《俄总统命令世博展馆整改，设计失误恐遭中国人嘲笑》，环球网，2010 年 8 月 19 日 http://world.huanqiu.com/roll/2010-08/1027586.html。

[2] 赵启正：《上海世博会：公共外交的大机遇》，东方网，2010 年 4 月 28 日，http://2010.eastday.com/G/20100428/u1a732436.html。

国政府开展公共外交提供了广阔的舞台。上海世博会的直接参观者超过7 000万人次，加上工作人员、网络世博访问者、传统和新型媒体受众以及世界各国活动的参与者，本次世博活动的相关者需以亿计。其次，参展各方充分展现世博会的"软性"和"柔性"，把各种思想理念之争融化在经济、科技、文化和教育的争奇斗异之中，体现了以和平发展为主题时代的公共外交特点。中国在长达184天的世博会期间，坚持淡化意识形态、突出对话交流、谨慎从速处理各类敏感事件，使中国公共外交在推介世博主题和促进和谐城市、和谐世界的建设方面作出了独特的贡献。最后，上海世博会丰富了当代中外公共外交的内涵。相对于西方发达国家而言，中国从事公共外交的时间较短，经验不多。但我们抓住了申博、备博、办博、观博的机遇，注意从实践上总结和从理论上提升公共外交，创造性地把同本国人民互动列为重要内容，为中外的公共外交作出了新的贡献。

4. 世博文化外交的主要成就。

首先，世博会作为全球最高级别的国际展会，是各国推动文化外交的重大机遇。来自不同的国家和文化、蕴含多种文化底蕴的城市汇聚上海世博会，构建了令人难忘的世界文化外交网络，实现了多样化的途径、文化交汇及融合。其次，上海世博会倡导了多样、平等、包容的当代文化外交精神。上海世博会通过2万多场的文化活动、园区内外的各种互动、展馆展品体现的多种文明和文化精髓，赋予世博文化外交传递思想、增进了解、相互学习、共同进步的新意义。最后，上海世博会凸显了文化外交的常态、长效和独特的作用。在世博会期间，文化成为参展方交流和互动的重要载体，整合了中国文化外交的各种资源，发挥了文化部门参与总体外交的积极性，发展了中国文化外交的机制建设，推动了中国和世界各国的政府和民间关系的进一步发展。值此世博会胜利闭幕之际，重读开幕之初的期待，更有新的体会：（上海世博会是）外交大平台——人文金字塔，让全球有名的与无名的、超级的与普通的、科幻的与现实的、历史的与未来的、粗犷的与细腻的，都巧妙地在上海融合、再现或再生。她所展现的世界人文遗产和全球外交意义，将深不可测。[1]

二、 世博外交的实践和经验

2010 年是中国的"世博外交年"，是继 2008 年奥运外交后中国举办的又一重大国际活动。作为中国外交和世博会的双重创新，中国的世博外交有着丰富的实践经验，需要深入探讨和总结。

（一）上海世博会深化了中国与世界的互动

如果说从 1971 年中国恢复在联合国的合法席位到 2001 年中国正式成为世界贸易组织成员的 30 年是中国基本完成参与国际"高政治"机制的历史性转变的话[2]，那么中国办奥、办博则是参与国际"低政治"机制的学习和实践过程，也是从政府层面到基层层面的深化和融合过程。深化是个过程，需要不断实践和探索。上海世博会在共同主题的框架下，根据"城市，让生活更美好"的主题，推介了"和谐城市""低碳经济""可持续发展""包容性增长"等先进理念，凝聚了中国和参展各方在发展模式和道路方面的共识。上海世博会在共同规则的框架下，使中国和各参展方共同筹备和运作，体现了在全球化时代的相互依存和互利共赢。上海世博会在共同的时间框架下，使中国和参展各方相互协商和谅解，保证了展示、活动、论坛三大部分的按时高效运转并取得预期成果。

（二）上海世博会提出了世博外交的时代命题

"世博外交"已经成为中国特色外交的一个专用名词，也成为世博会本身的一个重要创新。正如时任英国外交大臣的大卫·米利班德所说，中国

---

[1]《世博——最大级外交平台，人文遗产金字塔》，《中日新报》，华语广播网，2010 年 6 月 3 日，http://gb.cri.cn/1321/2010/06/03/661s2873586.htm。

[2] 参见杨洁勉：《新中国外交 60 年：实践特点和理念演变》，载《国际展望》，2009 年第 1 期，第 1—12、127—147 页。

的世博外交是一个非常有意思、非常聪明的概念。[1]上海世博会具体、生动和有力地奏响了和平、发展、合作、多元文明对话的时代主旋律；凸显了"全球思考、城市行动、合作治理"在全球外交议程和应对全球性问题中的重要位置；提升了发展中国家群体在国际体系转型和构建中的战略地位和责任意识；推动了国际力量均衡化、国际格局多极化、国际互动全球化的新发展。

（三）上海世博会实现了展示中国和平发展国际形象的目标

中国在整个申博、筹博、办博的过程中，不断向世界展示中国对国家现代化建设和城市现代化的高度重视，倡导和谐世界的理念和坚持和平发展道路的坚定信念，举全国之力、集世界智慧确保上海世博会取得成功的宽阔胸怀。与此同时，参展各方从七八千万中国观众、工作人员、志愿者身上也深切体会到了中国人民珍惜和平、崇尚友谊、强调发展、虚心好学的优秀民族精神。正如国际展览局秘书长洛塞泰斯在中国馆日庆祝活动上发言中所说："通过上海世博会，中国正经历着一种变化的过程，这种变化符合中国自身特色并让我们大家都得到启迪。事实上，中国正在诠释并实践着教育、创新与合作等核心价值，这些价值正是世博会得以传承的基础所在。"[2]

（四）上海世博会提升了我国举办特大型国际活动的综合能力

上海世博会向祖国人民，也向世界展现了中国道路和中国模式的成功经验，体现了我国集中力量办大事的体制优势，预示了中国承担更多特大型国际活动时代的到来。上海世博会自始至终强调"平安世博"和"以人为本"，坚持咨询在先、预案在先、宣传在先，为中国和世界应对大型国际

---

[1] 大卫·米利班德：《中国的世博外交是一个非常有意思、非常聪明的概念》，新华网，2010年3月17日，http://news.xinhuanet.com/world/2010-03/17/content 13186713。

[2] 《洛塞泰斯在世博中国国家馆日官方仪式上致辞全文》，新华网，2010年10月1日，http://news.xinhuanet.com/2010-10/O1/c 12625311.htm。

活动的突出问题提供了思路、机制和措施的有效借鉴。上海世博会同北京奥运会一样，增强了民族凝聚力和自信心，提高了干部和群众的开放意识，拓展了国民对外交往的视野，增进了整个民族的国际交往能力，提高了对国际交往的礼仪和规范的了解，锻炼、培养了一支复合型的外事队伍，构建了更加科学、高效的外交外事运行机制，夯实了中国今后举办类似的超大型、超长期国际活动的国内民意基础。

（五）上海世博会开辟了地方外事融入国家总体外交的新途径

在申博、备博、办博等过程中，上海地方外事紧密配合中央总体外交部署，圆满完成了国家各项重大外交活动，开展了"一进两出"的社区和人文交流；搭建了企业交流平台，推动企业实施"走出去"战略；开拓了友城交流资源，服务地方经济社会发展转型；完善了外宣服务管理机制，营造有利的外部舆论环境。进入 21 世纪以来，中国已经举办了亚太经合组织上海峰会、上合组织上海峰会、中非合作论坛北京峰会、亚欧北京峰会、北京奥运会、上海世博会、夏季达沃斯论坛、博鳌论坛、南宁中国-东盟博览会、宁夏中阿经济论坛等大型国际活动，广州承办的亚运会也即将拉开帷幕。随着我国举办特大型国际活动日益增多，奥运会和世博会形成的国家和地方外交外事互动机制将具有示范、长效和延伸作用。

三、结语

由于世博会具有会期长、领域广、主体多、互动性强以及高强度和高密度等特点，上海世博会对中国举办重大国际活动的组织能力进行了一次压力测试，这可为今后举行类似活动提供宝贵的借鉴经验。

围绕上海世博会开展的独具特色的世博外交既非短暂的，也非独特的，它具有更为长期和普遍的意义。世博外交是中国举办重大国际活动创新的有机组成部分，也将推动全球范围内同类外交的进一步发展。作为中国外交创新的一个重要部分，世博外交为中国开展包括大规模峰会外交、多边文化外交和大规模参与的公共外交等贡献了新的实践经验。尽管现阶段的世博外交仍具有非常强烈的中国色彩，但正是这一中国元素推动了外交和世博会的创新发展。作为世博会本身的创新，世博外交不仅使世界各国更深刻地认识到利用世博会开展全方位外交的重要性，而且推动了国际展览局和各参展方对世博会集政府性质和民间交流于一体的精神追求。

新十年中非合作和智库的历史使命 *

一、 新十年的机遇和挑战

（一）机遇

1. 中非之间经济、政治、人文日益增加的互动，为双方的合作提供了更大的空间。

21 世纪前十年是中非高层交往和人员往来最活跃的十年。中非合作论坛历届部长级会议成为中非领导人集体对话的重要平台、共商中非关系发展大计的有效机制。十年来，中国向非洲国家提供的无偿援助、无息贷款和优惠贷款大幅度增加，合作成果惠及中非双方。双方贸易额由 2000 年的 106 亿美元增长至 2008 年的 1 068 亿美元，年增长率保持在 30% 以上。2009 年中国对非直接投资 14.4 亿美元，比 2000 年增长近 6 倍。截至 2009 年底，中国免除了 35 个非洲重债国和最不发达国家无息贷款债务 300 多笔。双方还在基础设施建设、能源、农业、金融、医疗卫生等领域开展了务实高效合作。十年来，中非教育、科技、文化以及人员交流、人力资源开发等领域合作成果丰硕。中非青年联欢节、中非文化聚焦、中非科技伙伴计划、中非法律论坛、中非联合研究交流计划等合作项目，有力地增进了中非人民的相互了解和友谊。21 世纪前十年的成功为中非在 21 世纪第二个十年的经济合作更趋全面、政治合作更趋成熟、文化合作更趋多样奠定

---

* 原文载《非洲研究》2012 年第 3 期，第 3—10 页。

了坚实的基础。

2. 地区合作重要性的提升为中非合作提供了重要的地区合作平台。

当前，地区性组织已经成为重要的非国家行为体，各种形式的地区合作机制不断完善。而且，非洲大陆的地区和次地区合作组织已经日趋成熟。非洲大陆建立了非洲联盟、各次地区建立了中部非洲国家经济共同体、西非国家经济共同体、南部非洲发展共同体、东非共同体、东部和南部非洲共同市场等。中非具有双边、次地区和跨地区等多层次合作性质，不仅成为南南合作的重要组成部分，也是当前世界跨地区合作的重要组成部分，正在日益显示其强盛的生命力。

3. 全球范围内国际力量分布的相对均衡化和国际体系的重组提升了中非合作的全球性意义。

当前国际力量的分布正逐步朝着相对均衡的方向发展，多极化进程不仅是指新兴发展中大国的快速发展，也包括广大发展中国家地区性力量的不断增强。这既发生在亚洲，也出现于非洲和拉丁美洲等地区。新兴发展中大国与发达国家及发达国家集团一样，已是国际舞台上不可忽视的力量。相比较而言，欧洲国家和美国经济复苏乏力，主权债务和财政赤字严重，在世界舞台上的号召力和实际能力都处于下降的进程，它们在北非、西亚的动荡中也表现得力不从心。作为最具潜力的大国和大洲，中国和非洲的影响力正在逐步上升，中国和南非等发展中国家建立了"金砖国家"机制，中国和非洲联盟（简称"非盟"）的战略合作伙伴关系不断充实，中非正在共同努力推动国际体系民主化进程，促进国际秩序朝着更加公正合理的方向前进。

（二）挑战

1. 双边合作需要持续的新增长点。

就经济合作而言，中国和非洲国家的大幅度增长初始阶段已经基本结束。今后，双方在市场、能源、投资的规模等方面有望继续扩大合作，但在增加科技含量、促进经济转型、实现低碳发展和提升管理层次等方面的难度将更大。而且，非洲国家仅仅是中国出口制成品的市场和能源资源产品出口地的负面影响也在增加，成为中非经济合作的不利因素。在政治和外交方面，中国和非洲国家维持着传统友谊，但随着非洲国家领导人的世代更替以及西方思潮的影响，中国和非洲国家在政治和外交合作中的复杂因素正在增多。一些非洲国家的多党制及其动荡增加了双边关系的不可预测性。还有部分非洲国家在舆论上受西方影响而对中国有不友好的表现。

2. 跨地区合作平台需要提升统筹和协调能力。

非盟的对外合作有四个方面：一是洲际合作，二是非洲国家内部的合作，三是对传统合作的当代化，四是非洲和国际组织的合作。但非盟尚不是超国家的主权实体，目前不完全具备跨地区合作需要的全面规划、各方平衡和统筹协调等权力和能力。中非在国际体系建设（如二十国集团和联合国安理会改革）、基础设施网络规划、文化教育布局等方面，需要同整个非洲、次地区和国家等进行多重协调，其难度显而易见。

3. 多边国际合作需要增加标志性成果。

中非多边合作既包括中国和非洲国家的多层次合作，也包括中国、非洲国家和其他有关各方的合作。迄今为止，中非和其他方面合作的进展不大，且涉及许多敏感和复杂的历史和现实问题。而且，中非多边合作往往需要全球性国际体系的支持与支撑，但中非只能在承认现有体系和秩序的前提下进行渐进式的改革，一时难以取得长足的进步。因而，中非都必须战略性忍耐，确立长远和阶段性目标，分解难题和逐步进展。

4. 中非合作需要理论更新。

中非合作是以和平、发展、合作为潮流的时代的组成部分，需要在物质合作基础上加强理论更新。中国在同非洲国家的长期合作中，确立了许多经久不衰的原则，如真诚友好，平等相待；互利互惠，共同繁荣；相互支持，密切配合；相互学习，共谋发展。但是，以往的中非合作主要以双边为主，今天则需要在全球的框架内重新审视中非合作的理论和原则，如中非在国际体系改革中的相互关系和作用、中非各自的地区主义和当代其他地区主义的互动关系、中非在全球范围内的共同利益和共同发展问题等。

二、 合作前景的展望

（一）夯实经济合作基础

正如坦桑尼亚总统基奎特所指出的那样："中国是一个巨大的市场，为了进一步增加非洲与中国的贸易，非洲当务之急是要尽快提升产品加工制造能力，扩大非中贸易，达到互利双赢的目的。"[1]在 21 世纪的第二个十年里，经济仍将是中非合作的基础，在双边和多边的经济合作中需要做到"三个平衡"，即平衡资源型和非资源型合作、平衡贸易型和投资型合作、平衡企业（经济）利益和社会责任的合作。为此，中非需要在经济合作机制、合作内容以及同第三方的合作等方面有所创新和突破，否则就会失去合作的动力。此外，还要加强中非政府合作和民营企业之间的互动，提供与此匹配的法律法规和服务，为中非合作注入更多的动力。

（二）深化政治和外交合作

在思想和理念方面，中非将继续加强传统政治和外交合作，维护主权和领土完整，反对外来干涉，争取更加公正合理的国际体系。与此同时，中非还将从对西方说"不"向形成更多的东西方共识方向发展，如确立共同应对气候变化和防疫抗灾等全球性问题的共同理念，又如在解决民族、宗教和社会问题时逐步形成共同的和谐理念等。在丰富战略伙伴关系方面，中非今后应把强化务实合作和共同应对地区热点问题作为发展的重点。截至 2011 年 10 月 1 日，中国已经同非盟、埃及、阿尔及利亚、尼日利亚、南非和安哥拉等地区组织和国家建立了战略伙伴关系。在苏丹和利比亚问题上，中国加强了同非盟、阿盟以及相关国家的协调，今后还将在此轨道上前进。但是，中非在务实合作方面还有很大的空间和潜力，双方在高端服

---

[1] 《非洲政要谈中非合作》，中非合作论坛网站，2010 年 10 月 12 日，参见 http://www.fmprc.gov.cn/zflt/chn/zt/ltcl10zn/t760926.htm。

务业、高新科技、交通通信、医疗卫生等方面的更高层次合作刚刚起步，中非经济合作需要向更高层次提升。

在国际体系重组方面，中非需要在二十国集团转型、联合国安理会改革、跨地区合作等方面加强磋商和协调，还要共同提出国际体系改革的非西方方案，共同增加规制权和话语权等。

（三）拓展文化和民间交流

中非双方在文化和民间交流上尚处于起步阶段，还需要做出更大的努力。第一，双方要加强和加深相互了解。中非在许多方面存在差异，需要从文化上深刻地了解对方，形成新的合作文化和共同价值观。第二，中非文化和民间交流需要有更多的载体。中非的友好城市是载体，中国的孔子学院是载体，2010年上海世博会也是载体，但仅有这些还远远不够。中非需要共同努力建设多种多样的载体，特别是在传媒、影视、教育、出版等方面加大力度，增加文化和民间交流的支点。第三，以点带面，拓展旅游业。在现阶段，主要是发展中国游客的非洲之行，以旅游带动经济和文化交流，使非洲丰富的旅游资源成为增进中非人民相互了解的新动力，并为今后更多的非洲游客来华做好准备。

三、 智库合作的愿景

（一）中非智库合作的时代背景

在中非合作日益深入持久发展的进程中，智库合作顺应了历史发展的需要。第一，当今世界日益复杂多变，中非双方在把握历史潮流和推进现代化建设时比以往任何时候都更加需要借助智库完善战略思维。第二，中非双方在应对各种层出不穷的内外问题时需要提高决策的科学性、可行性和有效性，需要广泛吸纳政府内外的各种意见和建议，智库作为战略和政策的转换环节之一，能够起重要的作用。第三，中非在取得政治、经济、社会进步的同时，需要在思想、理论、战略和政策方面取得进步，因而需要把发挥智库作用视为摆脱西方智力控制的重要组成部分。第四，中非双方的智库建设是提高本国政府执政能力的重要组成部分，也是培养和储备各种人才的重要途径之一。

（二）中非智库战略合作研究的深远意义

作为发展中国家群体的重要组成部分，中非双方都需要进行战略研究，并在此基础上培育出具有特色的战略思维文化。

一方面，中非要对中非合作论坛进行更加深入的战略研究和擘画。中方认为："中非合作论坛的成立，是中国和非洲国家积极应对全球化挑战、携手谋求共同发展做出的重大战略选择。这一选择根植于中非共同的历史遭遇和战斗友谊，体现了中非共同的发展使命和战略利益。"[1]中非智库要牢牢掌握双方的合作方向、机制、内容和规划等的战略运筹主导权，做好发展使命和战略利益这两篇文章。

另一方面，中非还要超越双方的关切，全面考虑国际社会的整体合作。为了使互利共赢成为国际合作的共同目标，中非智库都要对国际体系建设和中非同第三方的合作进行长期、全面和系统的研究，制定出国家、次地区、地区和全球合作的战略，并努力营造更加有利的内外环境。

（三）中非智库政策合作研究的现实需要

中非合作可以追溯到 20 世纪 50 年代，但今天和今后的合作无论在广度和深度上都是前所未有的，需要双方智库献计献策。在中非面临的经济合作具体问题方面，双方智库要在经济、贸易、投资、劳务、移民和法律法规等有关问题上，根据需要的轻重缓急进行独立的或合作的研究。在中非面临的外交安全合作的具体问题方面，双方智库要在以联合国为核心的国际机制、国际热点和难点问题、传统安全和非传统安全议题等有关问题

[1]《共同的选择　合作的典范——纪念中非合作论坛成立 10 周年》，载《人民日报》2010 年 10 月 10 日。

方面加强互动。在中非面临的社会合作具体问题方面，双方智库要扬长避短和取长补短，分别或共同研究民族宗教、社会和谐、文化教育和社区建设等方面，并不断取得进展。

（四）中非智库理论合作研究的奠基作用

理论研究是保证中非智库合作研究具有长期生命力的重要基础，需要给予更多的关注和投入。

当前中非智库在理论合作研究方面的三个主要任务是：

第一，中非双方需要准确界定中非合作的时代意义。当前中非合作已完成了反殖反帝斗争中的相互支持，进入了共同利益和共同发展的建设时期，中非智库要从历史发展的新趋势和时代特点的高度进行理论建设。

第二，中非双方需要共同建设当代国际关系和外交的新理论。中非既要继承已有理论中的合理部分，如和平共处五项原则和国际关系民主化等；又要根据形势变化进行理论创新，如新时期南北关系和南南合作的新理论。而且要对国际新旧体系、国际和国家利益、主权和人权之间的关系等问题进行前瞻性的理论建设。

第三，中非双方还要对相互关系的理论问题进行客观和科学的分析。在利益多元化和思想多元化的今天，中非关系更加复杂和多样，原有的理论框架明显已不足以解释今天和指导明天。双方智库应合作研究资源型合作的本质问题、新兴大国（金砖国家）和其他发展中国家的新关系、联合国安理会常任理事国席位分配中的政治权益配置、二十国集团和国际力量对比的角色转换等。

（五）中非智库自身建设合作的迫切性

智库建设是中非各自现代化建设的一个组成部分，并且只有在加强自身建设后，才能更加有效地进行合作建设。

第一，迫切需要加快人才队伍的建设。智库应是具有国际先进水平的高端研究人才的聚集地，但由于历史和现实的原因，中非的相关人才难以符合这一要求。中非需要加倍努力，争取早日改变自身人才在东西方人才对比中的不利处境。

第二，迫切需要加大智库建设的力度。一方面，中非都要加大对各自智库的投入，使之早日跻身世界先进行列；另一方面，中非还要推进双方智库的合作。迄今为止，中非智库各自同西方智库的合作远远超过它们相互间的合作，因此深受西方理论、理念和话语的影响。从现在起，中非智库要守望相助，合作自强，更多地进行学术交流、"二轨"外交、联合开会、合作研究等，把中非智库合作做实、做大、做强。

第三，迫切需要提高对智库作用的认识。没有思想的磨合和共识的形成，中非合作很难有战略高度和长远角度，也会缺少可持续性。智库在这方面是大有可为的，而且是不可替代的。但是，中国和非洲各国都面临繁重的政权安全、经济建设和社会管理的"硬任务"，很难充分顾及智库建设这类"软任务"。因此，中非不仅需要关注和重视各自的智库建设，还要把中非智库合作列入重要议事日程之中。

中国公共外交的源起、挑战和对策*

学习西方的公共外交和应对新媒体对外交带来的挑战，首先需要我们讲真话，把中国的真实情况和看法说清楚；其次，我们要讲白话，让大家都听得懂，容易记住和照着做；然后，我们要向我们的对手学；最后，我们要发挥中国共产党重视和擅长宣传的传统。

一、中国：从人民外交到公共外交

以前我们讲"民间外交""人民外交"。毛泽东和周恩来等老一代领导人非常重视"民间外交"和"人民外交"。在周恩来的领导下，中国人民外交学会于 1949 年 12 月就成立了。中国人民对外友好协会是 1954 年成立的。1971 年 3 月的第 31 届世乒赛和 4 月的中美"乒乓外交"也是民间外交。为什么那个时候搞得比较好呢？因为我们没办法，人家不承认我们，中国跟美国、跟欧洲、跟日本都没有外交关系，只能以民促官。

2009 年胡锦涛第一次提出"公共外交"，党的十八大报告又用文件的形式予以肯定，指出："我们将扎实推进公共和人文外交。"中国外交部刚刚开始搞公共外交，成立了公共外交办公室。现在文化部有"春节"系列，国新办有"感知中国"系列，教育部有孔子学院。上海在冯国勤会长的推动下，于 2010 年成立了全国最早的地方公共外交协会。我们上海有几个品

---

* 原文载《公共外交季刊》2013 年秋季号第 2 期，第 39—43 页。

牌，像姚明现在就是我们公共外交协会的副会长。姚明是不可复制的、唯一的。

从 21 世纪初开始，我们国内就有人研究公共外交，现在基本上学术期刊、有关的专著、大众读物都有关于公共外交的研究和讨论。中央领导说："要把中国的故事讲好。"怎么才能把中国故事讲好？我想有三点。第一，你要有真正的故事，就是你动了脑筋。你有好故事，人家要爱听，如讲中国为什么发展得这么快、变化这么大、有哪些是世界各国可以学的。第二，你自己要有一套很好的表达方法。这个方法是什么呢？你要考虑听众、受众，就是跟你一块儿吃饭、跟你一块儿开会、跟你一块儿参观的人，他要听你讲什么，要向你学什么。第三，就是到什么地方说什么话，"到什么山唱什么歌"。学过外语的年轻人都知道，就是你讲中国笑话要讲到外国人笑，你的本领不是一点点，因为幽默感是不一样的。

我国对"公共外交"的一般定义是：公共外交作为对传统外交的继承和发展，通常由一国政府主导，借助各种传播和交流手段，向国外公众介绍本国国情和政策理念，旨在获取国外公众的理解、认同和支持，争取民心民意，树立国家的良好形象，营造有利的国际舆论环境，维护和促进国家根本利益。而向国内公众介绍本国外交方针政策及相关举措，是支持公众参与公共外交的基础工作。赵启正同志认为："开展公共外交的目的是提升本国的形象，改善外国公众对本国的态度，进而影响外国政府对本国的政策。"他还说："公共外交有理论，但更重要的是实践。"

二、 新媒体的机遇和挑战

我们官方现在比较擅长的是传统媒体，比如报刊、户外广告、广播、电视，这些我们做得比较好。当然，传统媒体还是有一定优势的。比如说读《人民日报》的人不是太多，但是有一次我去上海复兴公园，看到好多年纪大的人都是把鼻子贴在玻璃上看《人民日报》的。那么这些老年人有多少呢？全中国 65 岁以上的人有 1 亿多，所以这些老年人传统上主要还是看这个。

现在很多年轻人是不看报纸的，还有的年轻人连文章都不愿意读，现在一条短信或者微博只有一百多字，最好就是一个关键词、一句话。因为现代都市生活节奏很快，人变得非常浮躁，也变得急功近利，但这就是现实世界。

个人和媒体的关系是怎么样的呢？现在有这么几句话：第一句叫"人人都是记者"；第二句叫"围观有力量"；第三句叫"功夫在微处"，就是指微博。微博于 2009 年 8 月在中国诞生，到 2011 年就已成为中国网民在网络上获取信息的第一大渠道。其他的渠道是网上新闻和 BBS，也就是网络论坛。现在有句笑话——"作者比读者多"，所以很多人就拼命要有粉丝，要有转载率，这就是他们在扩大他们的影响。

新媒体有一些什么特点？跟你有互动，当时就能发生，而且数量很多，大家可以共享。科技进步是经济社会和政治进步的动力，首先要看到它能提供的机遇。现在我们也有进步，比如说抗震救灾，中国做得比美国要好多了，我们是全国一条心。像汶川大地震恢复重建，比日本的福岛，比美国的路易斯安那州飓风的灾后重建都搞得好。

新媒体的特点是交互性与即时性、海量性与共享性、个性化与社群化。我们必须站在时代进步的立场来看待新媒体，因为科技进步是经济、社会和政治进步的动力。首先要看到新媒体所能提供的机遇，但新媒体确实也给我们带来了许多挑战。即使是挑战，也可能被转化为机遇。

新媒体迫使中国外交走近草根，跟广大老百姓见面，现在的外交神秘性很少了。还有一点，因为外交有保密的需求，比如说我们的船被扣押了，在这个时候你就不要过多去讲这个船是在我们这一边还是在他们那一边，先要把人救回来，安全是第一的。再比如说我们的人质被人家抓去了，我们说"要不惜一切代价"，那么人家知道你要花代价了。所以外交是有保密成分的，但是绝大部分是可以公开的，要让老百姓知道的，老百姓有时候知道了，也就更体谅你了。

新媒体已经成为西方渗透中国的又一手段，增加了中国外交的难度。

这个大家要知道，西方对我们的渗透是很厉害的。新媒体也使一些发展中国家的动荡对中国有更大的溢出效应。中东动乱了两年，我们有句话叫"穿西装的哭了，穿长袍的愁了"，因为第一批倒台的都是总统，接下去是那些老王爷们。

三、 如何学习和做好公共外交

首先要讲真话。大家知道，傅莹同志在英国当大使的时候公关工作做得很好。傅莹同志曾告诉我，她专门请英国的公关公司给使馆的同志上课，举手投足、言谈吐字都是要讲学问、讲修养的。她当外交部副部长时，在2010年9月11日到北京外国语大学讲公共外交。她讲："公共外交不是涂脂抹粉，而是坦诚的自我介绍，把中国的真实情况和看法说清楚。为什么只有到中国看的人才知道中国之美好、政策和制度之成功，也才能理解我们面对的挑战之艰巨、努力之不易？我们总不能把世界上那50多亿人都请到中国来看，才能让人都了解中国吧？这就需要我们更加积极主动，有针对性地介绍中国，讲日常的中国人和中国事。"2013年傅莹同志又担任了新一届人大的外委会主任和发言人，全国两会上她的发言工作就做得很好，从她身上我们可以学到很多。

其次要讲白话。习近平同志最近的一些讲话，大家都反映听得懂。人们听懂了，也容易记得住和照着做。我们还要学学体制外。某些明星的微博粉丝特别多，多到什么程度呢？多到一个《人民日报》的小青年写下了这么一段话："她的转发量比看《人民日报》的人还要多。"她的粉丝量比《人民日报》发行量多出十数倍。

还要向对手学。比如说美国原来的国务卿赖斯，她就讲"外交要革命"，拿我们的话讲就是要"走转改"，要接地气，要到基层去，不能光坐在办公室。我们还要向两位大使学习，一个是美国大使骆家辉，一个是英国大使吴思田。那个骆家辉，美国人做大使的费用是国家给你包干的，就是你坐经济舱也好，坐头等舱也好，就给你这点钱。那么他省钱，不得了了，他自己也宣传，还有一批人帮他宣传。英国大使叫吴思田，他出任英国驻华大使，搞了一个计划，叫"88天访问8个城市"。他从北京坐火车到上海，然后跟我讲，他坐火车节省了多少排气量，绿色、低碳。我们中国人做了这么多艰苦朴素的事情，就是不讲。要出来讲啊，要让老百姓知道。

要发挥中国共产党重视和擅长宣传的传统。在极其困难的情况下，利用一切可能的办法搞宣传，是我们的传统。现在怎么能退化呢？我们一定要换位思考，居安思危，要跟老百姓在一起。今天只要我们坚信我们自己的事业是正义的，我们是顺应历史潮流的，那么我们就能够在新的形势下来引导舆论主流，迎接公共外交的新胜利。

中国外交 70 年：实践创新和理论建设*

中华人民共和国在过去的 70 年里取得了举世瞩目的成就，在外交领域经历了奋发努力、不断实践创新和理论建设的历史进程。值此中华民族伟大复兴的关键时刻，全面客观地总结中国外交和展望未来，既能为继续砥砺前行奠定更加坚实的基础，也能为鉴往知来创造重要的条件。

一、 不懈努力和辉煌成就

在党中央的坚强领导下，中国在过去 70 年里顺应时代前进的潮流，根据国情和世情的变化，抓住和善用战略机遇，坚持不懈努力奋斗，克服无数的艰难困苦，取得了举世瞩目的辉煌成就。

（一）始终把维护国家的核心利益放在外交首位

中华人民共和国的成立标志着中国一扫自鸦片战争以来的百年耻辱，开启了国家现代化和独立自主外交的新进程。1949 年 9 月 29 日，中国人民政治协商会议第一届全体会议通过了起临时宪法作用的《中国人民政治协商会议共同纲领》。纲领的总纲第一条就明确指出："为中国的独立、民主、和平、统一和富强而奋斗。"中国从此以崭新的姿态出现在世界的舞台上，有效地维护了国家的核心利益和重大利益，积极开展独立自主的和平外交。

＊ 原文载《国际问题研究》2019 年第 5 期，第 6—19 页。

此后，中国政府在外交上坚决维护国家主权和领土完整这一最核心的国家利益，坚持一个中国原则，反对"两个中国""一中一台""台湾独立"。同时，中国在世界舞台上不断提升国际地位和发挥作用，在中国边境和周边地区维护国家安全。此外，中国外交还在坚持中国共产党的领导和社会主义制度、维护社会稳定和国家经济发展等国家重大利益方面发挥了重大作用，作出了巨大贡献。

随着世界和中国的发展，中国对国家的核心利益的界定也与时俱进。2011年，中国政府明确指出："中国的核心利益包括：国家主权，国家安全，领土完整，国家统一，中国宪法确立的国家政治制度和社会大局稳定，经济社会可持续发展的基本保障。"[1]2013年1月28日，习近平在担任中国最高领导人不久就强调指出："我们要坚持走和平发展道路，但决不能放弃我们的正当权益，决不能牺牲国家核心利益。任何外国不要指望我们会拿自己的核心利益做交易，不要指望我们会吞下损害我国主权、安全、发展利益的苦果。"[2]事实已经证明，中国在捍卫国家核心利益上立场历来坚定，态度历来明确，行动历来有力。

（二）坚持以中国化马克思主义指导中国外交

中国外交得益于两大正确理论指导，一是具有普遍意义的马克思主义和列宁主义的革命理论，二是中国化马克思主义，后者在结合马克思主义普遍真理和中国国情和世情的基础上，注意发扬光大中国优秀传统文化的思想理念以及学习和借鉴人类文明的一切优秀成果，使之对当代中国外交更加具有指导意义。

1. 中国外交思想理论的传承和创新。

中国外交思想理论源自马克思主义、中国传统文化和外交实践等。中国共产党在夺取政权前的长期革命斗争中首先获得的革命理论，是通过列

---

[1] 中华人民共和国国务院新闻办公室：《中国的和平发展（2011年9月）》，参见 http://www.gov.cn/jrzg/2011-09/06/content_1941204.htm。
[2] 习近平：《习近平谈治国理政》，北京：外文出版社2014年版，第249页。

宁主义阐述发展的马克思主义。对于最重要和最根本的指导思想——马克思主义，中国外交既一脉相承，又与时俱进。70 年来，中国坚持马克思主义的基本理论、坚持中国共产党的领导和社会主义道路，毛泽东、邓小平、江泽民、胡锦涛等最高领导人在不同历史时期都对马克思主义中国化以及中国特色外交思想作出过重要贡献。习近平外交思想则是当代中国外交实践的结晶，也是中国外交理论发展的最新成果。

2. 中国化马克思主义及其外交思想的指导意义。

马克思指出："哲学家们只是用不同的方式解释世界，问题在于改变世界。"[1]中国外交的理论是丰富实践的高度总结和理性升华，因而对外交实践具有十分有效的理论指导，使中国外交的实践方向明确和定位准确。70 年来，毛泽东外交思想指导了"站起来"的中国外交，为东方社会主义大国赢得了生存空间和奠定了发展基础。邓小平、江泽民、胡锦涛的外交思想指导了中国外交在"富起来"的进程中改革开放和走向世界。当前，习近平外交思想正在指导"强起来"的中国外交开创中国特色大国外交的新局面。

3. 中国外交倡导进步的国际理念和理论。

70 年来，中国站在时代潮流的前沿，伸张国际正义，提倡合作共赢，推动国际体系、国际秩序和全球治理朝着更加公正合理的方向前进。20 世纪五六十年代，世界民族解放和国家独立运动风起云涌，中国倡导了和平共处五项原则。在冷战结束、世纪更替、千年交会的历史关键时刻，中国在探讨人类社会前途这一问题时强调发展的重要性。在当前全球化进程受阻以及民粹主义和单边主义抬头之际，中国坚持多边主义和完善全球治理，坚持以规则为基础的国际秩序，坚持自由贸易和科技创新，坚持全球治理、国际体系、国际秩序的改革，维护和推进了时代的发展潮流，成为当代国际关系的中流砥柱。"得道多助"，中国外交理念和理论在国际上得到了越

[1] [德] 卡尔·马克思、[德] 弗里德里希·恩格斯：《马克思恩格斯选集》（第三卷），北京：人民出版社 1995 年版，第 57 页。

来越多的认同和呼应。

（三）坚持党的领导和中国特色社会主义道路

外交工作是党和国家全局大局工作的重要组成部分。习近平强调指出："外交是国家意志的集中体现，必须坚持外交大权在党中央。"[1]中国外交始终是在党中央最高领导的集中统一领导下，不断从胜利走向胜利。

1. 坚持党对外交思想理论的领导。

中国共产党在长期的革命时期、建设时期和改革开放时期形成了中国化马克思主义，后者是中国对外关系的基本思想和遵循。

毛泽东外交思想的精髓是独立自主。以毛泽东为核心的中国共产党第一代核心擘画和实施了新中国的外交路线、战略、政策和机制，彻底改变了旧中国的屈辱外交，坚决维护国家的独立自主和尊严。中国外交在毛泽东"三个世界"理论和中美苏"大三角"战略思想的指导下，维护和提升了中国的国际地位和作用。

邓小平外交思想强调实事求是。邓小平在"文化大革命"后期主持工作时就十分重视外交工作。党的十一届三中全会后，邓小平在全面主持中央工作时，坚持实事求是的原则进行拨乱反正，坚持中国特色社会主义道路和坚持改革开放。在20世纪80年代末和90年代初的国内国际政治风波中，邓小平旗帜鲜明地坚持四项基本原则，维护国家的独立、尊严、安全和稳定，同时毫不动摇地坚持经济建设这个中心，坚持改革开放。邓小平对当今时代特征的科学判断和国际大势的深刻洞察，为中国制定内外政策提供了基本依据，赋予社会主义中国的外交理论和实践以崭新内容。[2]

江泽民外交思想体现了与时俱进的精神。江泽民外交思想是"三个代表"重要思想的重要组成部分，从理论上回答和应对了中国外交和国际关系出现的新情况和新问题，它引领中国外交抓住和善用战略机遇期，有效

---

[1]《习近平在中央外事工作会议上强调　坚持以新时代中国特色社会主义外交思想为指导　努力开创中国特色大国外交新局面》，载《人民日报》2018年6月24日。

[2] 胡锦涛：《胡锦涛文选》（第二卷），北京：人民出版社2016年版，第211—212页。

应对重大挑战，妥善处理各种危机问题，在双边关系中首创战略伙伴关系，推进地区和国际合作，领导中国外交冲破激流险滩，胜利走向 21 世纪。

胡锦涛担任总书记后，中国外交思想的重要组成部分是和平发展。胡锦涛从对内建设和谐社会与对外倡导和谐世界的高度，重申和深化中国外交的和平发展理论，指导中国在 2008 年全球金融危机和成为世界第二大经济体后的对外关系，冷静处理朝核问题、南海争端和涉台外交，批驳西方污蔑和攻击中国会走"国强必霸"的老路，争取周边国家和广大发展中国家理解和支持中国的和平发展，坚决维护中国的海外利益，努力为中国的内政外交创造更加有利的国际环境。

习近平外交思想的精髓是坚持党的领导。2018 年 6 月召开的中央外事工作会议总结了习近平外交思想的十大方面，其中列为首位的是"坚持以维护党中央权威为统领加强党对对外工作的集中统一领导"。[1]在新时代，坚持和加强党对外交工作的领导主要是指思想理论、路线方针和组织机制等方面的领导。在思想理论方面，就是要坚持中国化马克思主义、中国特色社会主义道路和实现共产主义理想的信念。在路线方针方面，就是要坚持独立自主的和平外交，坚决捍卫国家主权、安全、发展利益。在组织机制方面，就是要继续推进对外工作体制机制改革，强化统筹协调的对外工作大协同局面，确保落实党中央对外方针政策和战略部署。

2. 坚持中国特色社会主义道路。

历史已经证明，只有社会主义才能救中国，也只有社会主义才能够使中国繁荣强大。但是，70 年的社会主义道路并不是一帆风顺，而是"艰难困苦，玉汝于成"。

首先，中国在长期的探索中逐步形成了中国特色社会主义道路和中国特色大国外交。新中国成立初期，中国在走上社会主义道路时，唯一可以效仿和借鉴的是"斯大林模式"的社会主义，所以在取得苏联支持的同时，

---

[1]《习近平在中央外事工作会议上强调 坚持以新时代中国特色社会主义外交思想为指导努力开创中国特色大国外交新局面》，载《人民日报》2018 年 6 月 24 日。

付出了巨大的代价。后来，苏联的大国沙文主义和民族利己主义、"斯大林模式"的明显不足和中苏意识形态领域的严重分歧等最终导致了中苏两党两国关系在 20 世纪 60 年代初的全面破裂。但是，中国并没有因中苏关系的变化而放弃社会主义道路。"文化大革命"结束后，中国在邓小平的领导下开始了改革开放，逐步走出了一条符合国情和世情的中国特色社会主义道路，最终形成了以坚持党的领导和社会主义道路为最主要特征的中国特色大国外交。

其次，中国特色社会主义具有深远的世界意义。20 世纪 80 年代末 90 年代初，东欧剧变和苏联解体后，国际共产主义运动陷入低谷。在前所未有的困难前面，中国共产党人并没有丧失信心，中国依旧坚持社会主义道路。邓小平指出："中国不搞社会主义不行，不坚持社会主义也不行。"[1] 经过近 30 年的努力，中国特色社会主义不仅没有倒下，反而与时俱进迈入新时代，成为世界社会主义的中流砥柱。同时，正如习近平在党的十九大报告中所指出的那样："中国特色社会主义道路、理论、制度、文化不断发展，拓展了发展中国家走向现代化的途径，给世界上那些既希望加快发展又希望保持自身独立性的国家和民族提供了全新选择，为解决人类问题贡献了中国智慧和中国方案。"

最后，中国成功地挫败了西方国家改变中国社会主义属性的种种图谋。其一，西方国家对中国的首波全面围堵始于朝鲜战争，终于尼克松访华。在长达 20 多年的时间里，以美国为首的西方国家对中国进行了政治、军事、经济和外交上的围堵和封锁。1972 年尼克松访华和中美关系解冻表明西方国家对社会主义中国的首轮围堵彻底失败。其二，20 世纪 80 年代末中国发生政治风波和苏东剧变后，美国以为历史已经终结，纠集西方盟国组成了"制裁"中国的"新八国联军"，但此次"制裁"不久就告吹了。中国在坚持"一个中心、两个基本点"的同时，娴熟地运用外交武器，抓住美国在柬埔寨问题国际会议、第一次海湾战争的联合国有关决议和倡办亚太

---

[1] 邓小平：《邓小平文选》（第三卷），北京：人民出版社 1993 年版，第 326 页。

经合组织峰会等有求于我的战略机遇，挫败了西方国家改变中国社会主义属性的图谋。其三是"颜色革命"和"阿拉伯之春"。20 世纪末和 21 世纪初，一些独联体国家发生了政权变更的"颜色革命"并建立了亲西方的民选政府。从 2010 年起，突尼斯、埃及、利比亚、也门和叙利亚等国爆发了动乱和战乱，中东地区陷入新一轮的危机。美国的仇华和反华势力曾对"颜色革命"和"阿拉伯之春"寄予厚望，试图祸水东引，冲击中国的稳定与发展。但是，他们的企图最终完全落空。其四是当前美国对华的新压力。2017 年特朗普上台后，美国国内强硬派重新全面检讨对华战略和政策，认为过去 40 年对华接触政策彻底失败，把中国定为主要对手，把美中关系定为战略竞争关系，并对华全面施压，目前的事态还在发展，但这一基本趋势恐难以改变。

3. 坚持中国外交的基本战略。

新中国成立以来，党中央在不同时期和不同条件下对中国外交确定重大战略方向，进行战略部署和改善战略环境，不断开创中国外交的新局面。

在建设时期的最初阶段，党中央根据当时的国内和国际环境，作出"一边倒"向以苏联为首的社会主义阵营的战略决定，巩固了新生的人民政权，开启了社会主义建设的高潮。后来，党中央又在反对苏联和美国霸权主义、发展同广大第三世界国家关系以及善用中美苏"大三角"关系等重大战略问题上作出正确决策。

改革开放时期，中国外交的战略思维更加成熟，战略方向更加明确，战略内涵更加丰富，战略成就更加伟大。在外交战略思维方面，中国外交战略思维根据党和国家的大战略进行长远考虑、全面规划和逐步推进，确立了外交服务改革开放和全面改善战略环境的基本战略思维。在外交战略方向方面，中国外交始终坚持服务于"一个中心、两个基本点"，即在服务于经济建设这一中心的同时，坚定地服务于四项基本原则和改革开放。在外交战略内涵方面，党中央根据形势发展的需要不断调整和丰富外交的战略内涵，邓小平作出了中心任务向经济建设转移的战略决定，江泽民提出了抓住和用好战略机遇期的命题，胡锦涛强调了和平发展道路的战略要义，习近平提出了中国必须有自己特色的大国外交的战略思维。在外交战略成就方面，无论在内容上还是在规模上都不断实现了战略期待。中国对美、对苏（俄）、对欧、对日、对周边和发展中国家等的区域国别战略取得基本成功，中国在全球治理领域的成就捷报频传。

二、 历史方位和时代担当

中国的内政外交是在内外环境相互作用下发生和发展的，因此需要将70年的中国外交置于时代背景和历史方位的大框架下予以解读和研究。唯有如此，才能温故知新，才能深化对中国外交的理解，才能把握历史规律和顺应时代潮流，在未来的新征程中创造更多的辉煌。

（一）中国外交的历史方位

"人间正道是沧桑。"中华人民共和国的成立及其外交的发展是历史的产物，也是历史前进的动力。从历史的视角看待和分析中国外交，就更能深刻理解其历史地位和作用。中国外交70年经历了从"革命与战争"到"和平与发展"的时代变化。70年来，中国外交在建设和改革开放等各个历史时期都有明确的方向和目标。

在建设时期，在新中国政权日益巩固的情况下，把中国建设成为现代化社会主义强国是举国一致的奋斗目标。中国的解放事业和现代化建设与第二次世界大战后广大新独立国家的现代化共同形成国际政治和现代化的新潮流，共同推进了世界的和平与稳定。遗憾的是，由于种种内外原因，这一历史进程一度被严重地迟滞了。

在改革开放时期，中国的现代化进程加快和提质进行。外交是内政的延续，中国外交始终把中华民族的伟大复兴视为主要任务。中国综合国力的持续提升大大增加了发展中国家的总体力量。中国和一些发展中大国的群体性崛起是和平发展时代的重要推动力，由此加强了南南合作，推进了南北对话，并正在改变西方和非西方力量的对比。

历史在发展，时代在进步，中国需要在人类社会进步的进程中不断摆正历史方位和始终沿着正确方向前进。党的十九大报告指出："中国共产党是为中国人民谋幸福的政党，也是为人类进步事业而奋斗的政党。中国共产党始终把为人类作出新的更大的贡献作为自己的使命。"因此，习近平呼吁各国人民同心协力，构建人类命运共同体，建设持久和平、普遍安全、共同繁荣、开放包容、清洁美丽的世界。

（二）中国外交的时代担当

在过去的 70 年，中国外交在坚持独立自主和平外交路线和推进国家利益的同时，自觉地承担起国际社会共同进步的时代担当，并贡献了中国智慧和中国方案。

1. 维护世界和平。

中国外交一直致力于维护世界和平这一基本和崇高的事业。在 20 世纪五六十年代，中国在东西方严重对立的形势下，一方面敢于斗争，先后支持朝鲜和越南，反抗世界头号军事强国美国的武装干涉，用革命战争制止了侵略战争；另一方面善于斗争，通过倡导和平共处五项原则和参与日内瓦会议，顺应了当时国内和国际要求和平与致力建设的时代潮流。在 20 世纪七八十年代，中国逐步认识到国际社会通过努力可以避免世界大战或大规模战争，从而调整了国际战略，开始了改革开放的伟大历程，加强了南北对话和南南合作，增强了广大发展中国家维护与推进世界和平的力量。冷战结束后，中国外交在国际力量对比一度严重失衡的不利形势下，坚决反对美国绕过联合国对南斯拉夫联盟共和国进行军事干预和武力打击，坚持发展中国家的集体力量，从而使国际社会在总体上以和平的方式进入了 21 世纪。在新世纪里，中国在国际舞台上坚决反对美国的单边主义，反对西方出兵伊拉克、利比亚和叙利亚等国，维护联合国在国际政治和安全领域的核心和权威作用，积极推动地区安全合作框架建设。

2. 推进世界多极化趋势。

中国在第二次世界大战后初期的两极世界中已经看到世界多极化的潜

势。中国在与苏联结盟后，还是十分注意与新兴的民族独立国家尤其是周边的民族独立国家建立和发展关系。毛泽东认为，有了以苏联为首的社会主义国家和亚非国家两种力量的团结，"我们就不孤立了"。[1]毛泽东关于亚非国家力量的思想到20世纪60年代，发展成为"中间地带"理念，到20世纪70年代就发展成为比较完整的"三个世界"理论。第三世界（即后来的广大发展中国家）的兴起严重地冲击了美苏主宰世界的图谋。在世界多极化趋势不断发展的背景下，中国在改革开放后的历次党代会的文件中都坚持了"多极化"的论述，中国在外交实践中也积极反对霸权主义并努力推进世界多极化进程。

3. 把握发展的总钥匙。

中国在国内改革开放的进程中牢牢把握住了"发展"这个决定中华民族前途命运的主题。邓小平强调中国解决所有问题的关键是要靠自己的发展；江泽民指出发展是党执政兴国的第一要务；胡锦涛强调发展是解决中国一切问题的总钥匙，并指出："（中国）既通过争取和平国际环境来发展自己，又通过自己的发展来促进世界和平。"[2]党的十八大以后，习近平又在国际舞台上强调："发展是解决一切问题的总钥匙。"[3]随着综合国力的持续提升和国际贡献的不断增加，中国在落实《联合国千年发展目标》和《2030年可持续发展议程》中都发挥了极其重要的作用。中国在同国际社会共同发展、共同繁荣与共同维护世界和平中体现了历史担当和时代精神，因而中国的"发展观"在世界上的影响也越来越大。

4. 完善全球治理。

中国外交在完善全球治理问题上有一个发展的过程。在孤立于当时的国际体系主流之外时，中国在强调斗争时为加入并改造这一体系作好准备。从1971年恢复联合国合法席位到2001年加入世贸组织，中国经过30年的

---

［1］ 北京大学法律系编：《毛泽东同志国际问题言论选录》，北京：世界知识出版社1959年版，第234页。

［2］ 胡锦涛：《胡锦涛文选》（第二卷），北京：人民出版社2016年版，第381页。

［3］ 习近平：《习近平谈治国理政》（第二卷），北京：人民出版社2017年版，第511—512页。

努力终于全面加入国际体系和参与全球治理。2008 年后，中国在全球治理中日益发挥世界大国的作用。当前，国际形势中不稳定不确定因素突出，保护主义、民粹主义和单边主义抬头，全球治理的体系和效应受到极大的冲击。为此，中国在国际社会倡导坚持多边主义和完善全球治理。中国还在全球经济治理方面提出了以下四大重点发展方向：一是共同构建公正高效的全球金融治理格局，维护世界经济稳定大局；二是共同构建开放透明的全球贸易和投资治理格局，巩固多边贸易体制，释放全球经贸投资合作潜力；三是共同构建绿色低碳的全球能源治理格局，推动全球绿色发展合作；四是共同构建包容联动的全球发展治理格局，以落实联合国 2030 年可持续发展议程为目标，共同增进全人类福祉。[1]

三、 开创中国外交的新局面

总结过去，为的是不忘初心和牢记使命。中国外交在已有成就的基础上，正在向更加高远和伟大的目标进发。到 21 世纪中叶，在中华人民共和国百年大庆之时，中国将成为富强民主和谐美丽的社会主义现代化强国，但在未来 30 年里，机遇与挑战并存，在思想和现实准备方面要加强底线思维和危机意识。

（一）努力夯实大国外交的基础

在中国特色大国外交任务更加繁重和国际形势更加复杂的未来 30 年里，我们更加需要以前瞻性的眼光来看待和认识中国外交的基础问题。

就主要基础而言，日益强盛的综合国力是中国特色大国外交的基础。随着内外形势的变化和发展，中国未来 30 年在硬实力和软实力方面需要继续并驾齐驱。一方面，中国需要保持一定的经济增长速度，继续提高经济质量和能级，发展壮大科技创新力量，完善经济发展体系。另一方面，中

---

[1] 施芝鸿：《全面深化改革重要思想的鲜明时代特色》，载《人民日报》2018 年 9 月 5 日。

国要坚持中国化马克思主义，继续发扬优秀中华文化传统，提高掌控经济命脉的能力，鼓舞人民奋发向上的士气，顺应社会多元多样发展的潮流，加大外交外事机制改革，敢于和善于使用国家力量，从而增进中国外交的实力和后劲。

就大国外交的基本内涵而言，中国外交在全球、地区、国别、领域、议题等方面都要有更大和更多的拓展，思考诸如国际舆论共同造势等以前还不太擅长的问题，参与诸如调停斡旋等以前参与不多的活动，倡导诸如国际军事反恐等以前涉及不深的行动，引领诸如非政府组织等以前较少引领的机制，承担诸如国际救助援助等以前较少资助的项目。为此，对以前不太熟悉的领域，要谦虚谨慎和注意学习；对提升重要性和新增加的外交领域，要有配套的政策举措；对涉及面宽或影响大的问题，要加强顶层设计和做好试点工作。

（二）提高大国外交的能力和自觉

中国的大国外交能力建设和自觉性提高具有相互影响和互为因果的关系。一方面，大国外交的能力来自实践，中国要在大国外交上多多实践，特别是在重大国际问题上要增加参与和发挥作用。例如，当中国国力还不足够强大时，中国就只能作为八国集团峰会的延伸部分（即"8＋5"）。但当实力大为提高时，中国不仅成为二十国集团的主体成员，还发挥了主要作用。另一方面，中国大国外交自觉性的提升需要增强理性认识和主观能动性。中国大国外交是历史的责任，也是时代的召唤，更是中华民族伟大复兴的重要组成部分。唯有如此的历史高度、政治意识、丰富实践、奋斗精神，才能具备自觉性，从而打造中国特色大国外交的新局面。

（三）提高大国外交的国际引领作用

中国不仅要充分认识到自身在推进国际大格局演变中的历史担当和时代责任，而且要深刻理解加强中国与国际社会合作的重要性和必要性。不言而喻，无论中国怎样强大，它的力量毕竟总是有限的，需要与国际社会共同努力。因此，中国要在国际交流和合作中形成最大限度的国际共识，在国际社会共同和深切关注的问题上有看法、有章法，在国际经济、科技和文化领域有更多和更有效的引领。

（四）深化大国外交的战略思维和运筹

中国外交在未来 30 年的外交战略思维方面，一是要确定战略目标。国家的总体战略目标是在 21 世纪中叶把我国建成富强民主文明和谐美丽的社会主义现代化强国。中国外交的相应战略目标就是为此营造良好的内外环境，使中国成为世界上综合国力和国际影响力领先的国家，使中华民族以更加昂扬的姿态屹立于世界民族之林。二是要进行战略部署。中国外交的战略部署就是关于战略重点、优先顺序、主攻方向的整体方案，增强战略定力和避免战略失误，推进双边和多边外交，提升全球治理和区域治理的能力。三是要创新战略理念。中国外交战略目标的实现和战略部署的落实都需要不断创新战略理念。就中国外交而言，最重要的战略理念就是坚持基于相互尊重、公平正义、合作共赢的新型国际关系的理念。新型国际关系观源自中国但惠及世界，中国和国际社会需要携手同行，才能在新型国际关系观的指导下，共同推进人类命运共同体的建设。

（五）加强大国外交的理论体系建设

思想理论建设是大国外交区别于其他外交的重要特点之一。而且，在进行理论体系建设时不仅要着眼于狭义的外交领域，还要有更宽广的思路和范畴。

一方面，要更充分认识"总体系"和"分体系"的逻辑关系和辩证关系。中国在进行现代化建设和中华民族伟大复兴的历史性工程时，已经具有了中国化马克思主义及其当代的集大成者——习近平新时代中国特色社会主义思想。在这一总体系下，习近平外交思想指导下的中国特色大国外交理论是重要的分体系。在未来 30 年中，理论的总体系和分体系还需要在实践中不断与时俱进，在总结中不断提高和深化。对于涉外领域来说，只有在"总体系"的框架下才能更深地领悟和建设"分体系"，发挥更大的主观能动性，拥有理论自觉和理论自信。在习近平外交思想的指导下，中国特色大国外交理论应在环境分析、总体思想、战略思维、政策原则等方面加强内在的逻辑关系和体系关系。与此同时，还要加强外交理论对外交实践的指导，在百年巨变的国际形势中，发现和把握历史规律，顺应和推进时代潮流。

另一方面，要推进政治建设和学术研究的建设性互动。中国外交理论的政治建设和学术研究两者关系密切。没有正确的政治理论的指导，学术研究就会方向不明；没有学术研究，政治理论也难以向纵深发展。中国外交政治建设重点在于解决外交的根本问题，即方向、目标和对象等。政治建设要从理论上认识世界并探索如何改造世界。学术研究要注重专业建设，重点在于认识和应对外交方面的重大问题——学科建设、学理分析和专业积累等。未来 30 年中，学术建设要加快构建中国特色国际关系和外交的学科体系、学术体系、话语体系，推出一批有思想穿透力的精品力作，培养一批学贯中西的国际关系和外交学家。此外，中国外交理论还要通过学术研究，在智库建设、宣传推广和国际学术交流中走向世界，发挥更大的国际影响。

四、结语

在中国共产党的领导下，中国内政外交已经走过了 70 年的光辉历程。再经过 30 年左右的努力奋斗，中国将成为富强民主文明和谐美丽的社会主义现代化强国。在这一伟大的历史进程中，中国特色大国外交负有重要而又特殊的任务，需要从顺应历史潮流、维护世界和平和增进人类福祉出发，确定更加明确和可行的中长期外交战略和阶段性目标。

但是，崇高的目标和美好的未来需要通过不懈努力奋斗才能实现。在未来的 30 年，中国外交的国际环境将更加复杂多变，中国外交的内外挑战将更加多元多样，中国外交的任务也将更加繁重艰巨。为此，中国外交在增强实践和理论自觉的同时，要努力塑造现代化强国建设的有利环境，有效推进同世界各国和各地区的友好合作，努力建构基于相互尊重、公平正义、合作共赢的新型国际关系，努力建构人类命运共同体，建设持久和平、普遍安全、共同繁荣、开放包容、清洁美丽的世界。为此，中国外交需要坚持战略定力和战略底线，在中国化马克思主义的指导下砥砺前行，继续发扬光大中国优秀传统文化，开创中国特色大国外交的新局面，迎接更加辉煌灿烂的明天。

中　编

战略谋划

重要战略机遇期与中国外交的历史任务*

党的十六大报告指出："综观全局，二十一世纪头二十年，对我国来说，是一个必须紧紧抓住并且可以大有作为的重要战略机遇期。"[1]重要战略机遇期问题的提出是对邓小平中国现代化建设"三步走"战略思想的继承和发展，也是"三个代表"重要思想的具体体现。中国在历史上长期是世界强国，但在近现代多次错失发展的重要国际战略机遇期。中国的现代化建设需要和平的国际安全环境、宽松的国际政治环境、有利的国际经济环境和多元并存的国际文化环境。因此，处于当前的重要机遇期，我们要紧抓不放，将可能变为现实，努力做到大有作为，并争取使之延长。中国外交在为中国现代化建设营造良好内外环境的同时，还要努力实现自身的现代化，唯有如此，中国才能全面实现小康社会的目标，进而向更高的阶段继续发展。

一、 重要国际背景

（一）今后 20 年世界形势展望

在今后 20 年里，和平与发展仍将是时代的主题，可以预见的世界形势趋势主要是：社会经济全面发展、政治文明继续提高、求同性和跨国性明

---

* 原文载《毛泽东邓小平理论研究》2003 年第 4 期，第 60—67 页。
[1] 江泽民：《全面建设小康社会　开创中国特色社会主义事业新局面》，北京：人民出版社 2002 年版，第 19 页。

显增强、拥护和维护和平的力量更加壮大。

世界各国政府和人民关注的首要任务是促进经济、社会等全面发展。经济全球化、科技革命、信息爆炸等推动时代进步的积极因素将继续发挥作用，世界经济的总量、社会发展的质量、发达国家的数量等在 20 年内都会有明显的增长。美国、欧盟国家和日本等将努力拓展继续发展的空间，中国、印度和巴西等国家将实现重要的阶段性发展目标，从整体上讲世界贫困将有所减少。同 20 世纪 60 年代以国民生产总值增长率为主要指标的"发展"相比，21 世纪头 20 年的"发展"更加强调经济、社会、环保、生活质量等诸多方面的综合、协调与平衡的增长。[1]

世界政治文明程度将继续提高。政治文明是人类进入文明社会后的政治进步状态。[2]而且，"全球化把碰撞整合过的各种政治文明聚集起来，作为人类共同的文明成果加以推广"。[3]在今后 20 年里，世界的物质和精神财富不断增多，政治文明也将同步提高。总的来说，大多数国家将进一步加强政治民主化、制度化和法制化，国际政治民主化的呼声也将不断增强，政治制度民主化和法制化将成为国际政治的一项极其重要的内容。

世界的求同性和跨国性明显增强。在经济方面，要求发展经济的世界各国和无处不在的跨国公司将继续是经济全球化的有力推动者；在科技方面，日新月异的科技发展日益超越国界、洲界；在文化方面，五彩缤纷的文化不仅交相辉映，而且相互交融。

维护和平与避免战争既是上述发展的必然结果，又是推动它们继续前进的必要条件。虽然霸权主义、强权政治、民族和宗教冲突、恐怖主义等各种传统和非传统因素仍将继续威胁世界的和平与发展，但是，全世界爱好、维护、建设和平的力量将更加壮大，并在总体上超过战争力量。

---

[1] 郑慧：《政治文明：涵义、特征与战略目标》，载《政治学研究》2002 年第 3 期，第 29 页。

[2] 郑慧：《政治文明：涵义、特征与战略目标》，载《政治学研究》2002 年第 3 期，第 7—9 页。

[3] 臧乃康：《全球化背景下的中国政治文明建设》，载《中共中央党校学报》2003 年第 2 期，第 107 页。

但是，与上述世界形势发展主流同时存在的还有逆流，如果国际社会不能很好地把握世界潮流和处理国际事务，如果世界上出现特大型的严重失控事件，那么也有可能出现完全相反的结果。

（二）今后 20 年的国际格局走向

国际格局是世界各种主要力量的对比，由于在今后 20 年主权国家仍将是国际关系的主要行为体，因此也是我们的主要分析对象。今后 20 年将是国际新格局逐步形成的关键时期，世界将基本实现多极格局。

美国继续是世界上唯一的超级大国，但同世界主要力量之间的对比会有所逆转。美国已经占领了世界经济和科技的制高点，继续推行"新军事革命"，加紧向世界各国扩散美国式民主和文化。在今后 20 年里，美国将遇到形形色色的挑战，也可能再次遇到类似"9·11"事件的严重危机，但还不可能出现能同美国一争高低的对手。历史地看，美国在经过第二次世界大战及战后初期的高速增长后，由于发展周期和它本身的失误，在 20 世纪的 60 年代末至 80 年代末有过 20 年的徘徊乃至衰退，当时的尼克松总统被迫承认世界存在"五大力量中心"。

在今后 20 年里，联合起来的欧洲和美国的综合实力之间的差距将可能缩小，乃至持平，正在崛起的中国将急起直追，俄罗斯复兴的希望很大，日本也有可能雄风再振。此外，东亚发展中国家和拉丁美洲很可能再次腾飞。在今后 20 年里，世界主要力量的主要竞争方式将是和平的，竞争手段将是诸如经济、科技、体制等"软"竞争。从总体上和长远来讲，国际力量对比的消长将有利于世界多极化的发展。

国际秩序将成为大国关系的焦点。所谓国际秩序，即用"制度或机制"的形式承认国际力量对比的现实，并以此为基础重新分配权力和利益。而且，国际秩序一旦建立，就具有机制性、稳定性和长期性，因而对有关各方的权力和利益具有更深远的影响。冷战结束时，老布什总统提出建立"世界新秩序"，经过十多年的演变，美国正在对第二次世界大战以后建立起来的国际秩序进行重大，乃至根本性的变动，首当其冲的就是国际安全秩序，联合国正在被边缘化和矮化。美国和"老欧洲"、俄罗斯、中国在伊拉克战争上的主要分歧不是在萨达姆政权的存废问题上，而是在现存的国际秩序的变动可能带来的负面影响上。建立和维护什么样的国际秩序在今后 20 年里将是大国关系的一个主要焦点。

二、 客观条件和主观努力

（一）重要战略机遇期的界定

要紧紧抓住重要战略机遇期，必须先理解什么是重要战略机遇期，国内学术界对此还没有达成完全一致的意见，有学者将其定义为："机遇是指有利于事物发展的境遇、时机和机会。机遇是客观的，不以人的意志为转移。只要某些契机、条件和环境等因素具备，机遇便能自然形成。"[1]有学者认为"战略机遇期是指中国在 21 世纪最初 20 年有可能获得较长时间的较为有利的国际环境、较为充分的内外发展条件、国力较快增长和人民物质文化生活水平较快提高的历史时期"。[2]还有学者指出："所谓'战略机遇期'，就是在国家发展的重大阶段，恰逢国际国内的有利形势，存在一段对社会经济、政治、文化出现良性发展的有利时机，如果把握得当，社会可以获得巨大进步，而一旦没有有效地利用或者错过这样的时机，将会对国家和社会的发展造成重大损失，迟滞国家发展的飞跃，甚至引起国家间力量对比的重大变化。"[3]

有鉴于此，本文对"重要战略机遇期"的界定是：某一特定单位（在这里是指国家）在相当长的一段时间内，对实现其总体目标或重大特定任务所具有的有利条件，但机遇从可能变为现实需要正确的方针政策和艰苦的努力。对于中国来说，那就是在 2020 年前中国全面进入小康社会可能具

---

[1] 李卫星：《从战略角度看机遇》，载《人民日报》2002 年 7 月 9 日。

[2] 黄仁伟：《如何理解和抓住"今后 20 年的战略机遇期"》，载《文汇报》2002 年 11 月 8 日。

[3] 吴世韶：《关于"战略机遇期"》，载《党建与人才》2003 年第 2 期，第 15 页。

备的客观条件和主观努力。本文主要讨论重要战略机遇期的国际方面。

中国重要战略机遇期的客观条件是指中国在实现全面小康过程中客观存在的政治、外交、安全、经济、社会、文化等基本有利条件。所谓"主观努力"是指中国如何将客观条件转化为现实的认识、战略、政策和举措等。换言之，重要战略机遇期是客观实在性和主观能动性互动和结合的结果。

（二）客观条件

在今后 20 年的重要战略期，国际方面的主要客观条件如下。第一，中国实现全面小康的和平国际安全环境能够得到保证。和平与发展仍将是今后的时代主题，世界大战打不起来，也不会爆发将中国卷入的重大战争。就其实质而言，这是因为在国际经济体制逐步趋同、世界各国经济利益相互依存和全球治理日益扩展的背景下，世界主要力量大多选择低代价和高收益的和平与经济的手段来达到其主要目的，中国得以同世界主要国家进行良性互动，主要采用和平手段解决相互间的问题，这就为中国的和平崛起与争取双赢和共赢提供了难得的机遇。

第二，多极化趋势为中国提供了相对宽松的国际政治环境。中国同世界主要国家的良性互动关系更趋积极。中美关系是重要战略机遇期的重要支点[1]，美国在今后 20 年里对中国仍具有相当程度的战略和政治压力。但是，"9·11"事件后，美国对其全球战略进行了重大调整，认定恐怖主义和大规模杀伤性武器的结合是最大和最直接的威胁，不再把中国视作现实和直接的敌人或对手，这就为中美和平合作争取到了更多的时间和空间。与此同时，中国和欧洲主要国家、俄罗斯、印度等的双边关系都有明显的发展，并且彼此在世界事务中的共同语言也大为增加。随着这些国家的综合国力的逐步增强，中国和它们在世界事务中对美国的单边主义、强权政治和霸权主义等的制约都会有相应的提高。

---

[1] 刘建飞：《"战略机遇期"与中美关系》，载《瞭望》2003 年 1 月 20 日，第 57 页。

　　第三，经济全球化为中国提供了较为有利的国际经济环境。中国加入世界贸易组织后，在经济上同国际社会的结合更加紧密，为全面参与国际合作与竞争、参与制定国际经济秩序和游戏规则、利用国际先进技术及管理经验和资本创造了有利条件。而且，中国积极参与和推进经济全球化的进程，加强亚太区域经济合作，促进欧亚跨区域经济合作。中国在经济全球化和区域化的依托下，可争取到更加有利的国际环境。

　　第四，世界日益增强的文化多元化改善了中国的国际文化环境。中国传统文化具有宽容性和兼容性，较能同其他文化交流和融合。在今后20年里，中国文化在世界文化之林中将更加光彩夺目和具有吸引力。而且，2008年北京奥运会和2010年上海世博会将有利于国际社会增加对中国文化的接受和认同。

　　（三）主观努力

　　中国在重要战略机遇期的主观努力是：正确认识、紧抓不放、战略选择、政策得体、宣传动员等。第一，中国对重要战略机遇期有个逐步的认识过程。新中国成立后，有过错失机遇的沉痛教训，也有改革开放抓住机遇的成功经验，这使我们逐步认识到战略机遇期的重要性。邓小平多次语重心长地要求我们"利用机遇，把中国发展起来"。[1]以江泽民同志为核心的党的第三代领导集体又不失时机地提出了重要战略机遇期问题，从而大大提高了我们对重要战略机遇期问题的认识。

　　第二，中国从20世纪70年代起，就十分重视国际秩序问题，从90年代起更是直接参与了国际格局和秩序的讨论、筹划和制定。在21世纪的头20年里，新的国际格局和国际秩序势将形成，中国更是要以"有所作为"的精神紧紧抓住机遇，争取捷足先登，占尽先机。当前，中国对联合国作用、大国关系、八国集团、地区和跨地区组织作用、金融安全、非传统安全威胁等的重视，都是构建国际新格局和新秩序努力的重要组

────────────────

[1]　邓小平：《邓小平文选》（第三卷），北京：人民出版社1993年版，第358页。

成部分。

第三，战略选择。中国在制定和实施国际战略时十分重视"不搞对抗"和"不称霸"，避免和美国迎头相撞，"聚精会神搞建设，一心一意谋发展"。[1]中国正是通过对战略机遇期的主观认识的提高，制订了"三步走"的发展蓝图，终于在 20 世纪末实现了国民生产总值翻两番和人民生活基本达到小康水平的宏伟目标，并正在争取 2020 年实现全面小康。

第四，制定和实施符合实际的外交政策。自十一届三中全会以来，中国外交紧紧围绕改革开放展开，逐步地营造有利的内外环境。中国的外交在实践中不断成熟，正在为全面实现小康创造更加有利的条件。同时，中国外交也正在努力实现自身的现代化，因为中国外交现代化是中国全面现代化的一个极其重要的组成部分。

第五，减少国际阻力和增加国际认同。中国在逐步深入改革开放的过程中，努力同世界接轨，争取国际社会的认同。中国在法制建设、增加透明、以人为本、强调民主等方面已取得了举世公认的成绩。在今后 20 年里，中国政府将继续顺应历史潮流，善于审时度势，努力趋利避害，争取更多、更大的国际理解，为和平崛起创造有利条件和减少国际阻力。

（四）对于重要战略机遇期一要紧抓，二要延长

机遇只是为发展提供了某些有利条件，并不是发展的实现。而且，机遇具有稍纵即逝、不可复生的特性，要求必须具备"抢抓"的意识，拿出"抢抓"的行动。[2]有机遇而不善于捕捉紧抓，必然会同机遇失之交臂，令人扼腕叹息。在紧紧抓住重要战略机遇期的基础上，我们还要努力延长它。中央外办主任刘华秋指出："不能教条式地理解这个时间长度，将重要战略机遇期固定为本世纪（21 世纪）头 20 年，把这个时间作为机遇期与非机遇期的绝对界限。要看到，随着我国综合国力的增强，既可以努力延长这个机

---

[1] 邓小平：《邓小平文选》（第三卷），北京：人民出版社 1993 年版，第 14 页。

[2] 王平权：《紧紧抓住重要战略机遇期》，载《人民日报》2002 年 11 月 28 日。

遇期，而且还会不断产生出新的机遇。"[1]事实也正如此，中国要想成为真正的世界强国，20 年的重要战略机遇期是远远不够的，还有更加漫长的道路要走。如果有这么一个大局观，那么对前进道路和发展方向就容易把握得更准，对各项任务也会更加明确，对坚持什么和反对什么就会更加明确，对各种干扰也容易排除。诚然，重要战略机遇期的延长需要我们的艰苦努力。

三、 主要制约和可变因素

（一）主要制约因素

不言而喻，中国在现代化建设进程中，不仅有机遇，也会有挑战；不仅有推动重要战略机遇期从可能成为事实的有利因素，还会有制约，乃至破坏重要战略机遇期实现的不利因素。在今后 20 年里，对中国现代化进程主要有"硬性"和"软性"两种国际制约因素。"硬性"因素主要指国际力量对比、周边安全问题、经济环境和突发事件。

第一，国际力量对比。在相当长的时期内，中国在国际力量对比中仍将处于相对较弱的地位，在世界事务中的作用也相当有限，特别会受到以美国为首的西方国家的种种制约。

第二，周边安全环境。中国周边安全形势主要存在三个问题。一是有的国家内部或相互之间存在不稳定因素，如印巴冲突、朝鲜问题等，都会影响中国边境地区的和平与稳定。二是非传统安全威胁，如恐怖主义、毒品、难民和走私等都会对中国周边形势产生严重影响。三是美国加紧在中国周边的军事部署，增加了对中国的中长期战略压力。

第三，经济环境。中国在与世界经济关系日益密切的同时，加深了对国际资本、技术、资源、市场等各方面的依赖程度，因而也将更容易受到世界经济波动的影响和冲击。中国还有可能在金融安全、信息安全、经济

---

[1] 刘华秋：《既必须紧紧抓住又可以大有作为——谈"重要战略机遇期"》，载《人民日报》2003 年 4 月 14 日。

安全方面受到各种国际因素的干扰和冲击。在长达 20 年的时间框架内，不能完全排除这些制约因素的恶性膨胀，导致战略机遇的减少和战略挑战的增多。

第四，不可预见的突发事件，如使用或扩散大规模杀伤性武器造成的严重事件、恐怖事件、严重疾病蔓延等。"非典"事件再次表明，世界正在迅速联成一片，一国的内政在须臾之间即可成为国际问题，非政治问题同样可以造成经济利益和国际形象的严重损失。在今后 20 年里，中国还会不断遇到类似的事件，对此必须有充分的认识和准备。

如果说，中国在增强综合国力的同时，也在提高应对"硬性"国际因素能力的话，那么在今后 20 年里，"软性"国际因素对中国重要战略机遇期的制约将会更加突出。其中，国际秩序具有全局性和长期性。以美国为首的西方国家今后 20 年里在国际秩序中仍将占据主导地位。美国不可能容忍中国挑战它的"领导地位"。而且，以美国为首的西方国家对中国的崛起已经警觉，正在从各个领域和方面加以防范。中国和平崛起的空间相当有限，而和平道路又是中国崛起的唯一途径。中国必须在现存的国际秩序中发展，因而也只能对它作出妥协，这是中国不得不付出的代价。

"软性"制约还表现在意识形态、价值观念和国际舆论等方面。以美国为首的西方国家主导着国际社会的意识形态和价值观念，打击和排斥仍在坚持社会主义的中国，不时会有"中国威胁论""中国破坏论""中国崩溃论"等出现，无端猜疑和指责中国，以"民主政治""自由经济"等保持对中国的强大压力，通过各种手段达到"以压促变"的目的。西方国家主导着世界通信和传媒，各种负面因素在一定时期会产生积累效应，对我国的重要战略机遇期形成冲击。

此外，缺乏大国外交经验也是种"软性"制约。在今后 20 年里，世界形势还会继续动荡，中国社会又处于转型过渡期，各种矛盾集中，对中国妥善处理国际事务具有相当大的挑战性。应当承认，中国只是在近年来才在世界上逐步向真正意义上的大国地位靠近，才在大国外交中开始发挥作用。但是从整体水平来看，中国在以西方国家为主体的国际社会中处理国际事务时经验不足，协调能力欠缺。中国必须在进行自身现代化建设的进程中，提高总体外交能力，同时探索处理国际事务的能力，以达到抓住和延长重要战略机遇期的目的。

（二）主要可变因素

中国在今后 20 年面临的挑战还在于有许多可变国际因素。第一，中国和西方国家的关系走势。至今我们还不能完全肯定，在今后 20 年里，中国同以美国为首的西方国家是走向全面合作还是对抗。以美国为首的西方国家至今还觉得难以对中国作出最终战略判断。美方人士再三指出，美国担心的不是中国的能力，而是中国的意图。

第二，中国同发展中国家关系的走势。在今后 20 年里，中国逐步朝着低度发达国家方向发展，国际战略和外交目标也会进行相应的调整，中国同发展中国家的共同点会有所减少，同它们的利益摩擦点会有所增加。在一定条件下，原来的支持者和反对者可能换位，并且不能排除中国和一些主要发展中国家或国家集团会产生较大的矛盾。

第三，周边安全问题。中国的周边环境虽然已大为改善，但还存在一些局部问题，如朝鲜半岛的紧张局势、南亚的核问题、边界争端和热点问题等。它们都有两面性，控制得好，就能变消极因素为积极因素，或至少为中立因素；处理失当，就可能爆发为严重问题，阻碍和抵消中国的重要战略机遇。

第四，台湾问题。今后 20 年里，台湾问题中的国际因素会进一步增加。其前景仍具有多种可能，一是在和平统一的道路上有实质性的进展，从而极大地有利于中国的重要战略机遇期；二是表面上维持"不统不独不战"，但在实际上渐行渐远，继续牵制和耗费中国的大量资源；三是"台独"势力公然铤而走险，迫使大陆动用武力维护祖国统一和主权完整，同时承担由此造成的各种负担和损失。

第五，内外形势的互动。在全球化和信息化时代，国内因素和国际因素交叉发展，互为因果，两者难以完全隔开。在今后 20 年，中国的改革将对国际社会产生重大影响。国际形势也会对中国的政治、经济、社会、文化等方面产生重大影响。这种互动的结果可能是积极的，也可能是消极的。

四、中国外交的历史任务

（一）完成从地区大国向世界大国的过渡是中国外交今后 20 年的历史任务

在总结过去 20 多年改革开放经验教训的基础上，在国家战略总框架下，中国必须确定今后 20 年的外交总目标。这个总目标应当由三方面组成：第一，维护和加强世界的和平与稳定，继续为中国的现代化建设创造良好的国际环境；第二，维护和推进中国的国家利益，争取和发展世界的共同利益；第三，积极推进中国从有全球影响的地区大国向有全球影响的地区强国、从政治大国向综合性大国发展的历史性进程。在过去 20 多年的改革开放历程中，前两个方面已经是当时的外交总目标的组成部分，并有不少的论述，而第三方面则是新的目标，故是本文分析的重点。

中国在今后 20 年将面临新的过渡时期和历史性任务。所谓"新的过渡时期"，是指在今后 20 年里世界多极化在曲折中前进和经济全球化加速进行的大背景下，中国将处于从地区大国向世界大国过渡的历史时期。所谓外交的"历史性任务"，是指同过去 20 多年的形势和任务相比，中国外交在指导思想、主要目标和具体政策等方面都面临新的挑战。在今后 20 年内，中国外交不仅要为中国经济建设创造良好的外部环境服务，也要为中国的崛起创造良好的环境服务。

展望今后 20 年，我们已经可以预见外交在中国国家政治生活中将处于更加重要的地位。中国外交将和中国综合国力以及中国在世界各地利益同步发展。同时，中国支撑外交的力量将更加强大，开展外交的手段将更加多样，达到外交的目的将更有把握。

具体来说，在今后 20 年的重要战略机遇期里，中国外交的历史性任务包括：保证中国在和平崛起道路上稳步向前，使中国不仅在经济，而且在政治和其他方面再上几个台阶；需要使全国上下对外交的主要目标达成共识；需要以一个正在成为大国的视野重新审视世界和处理同世界各国的关系。

随着形势、任务、目标的变化，中国外交的决策进程、具体政策和执行体制都必须进行相应的变革。中国外交的决策进程还存在许多不尽如人意的地方，需要我们在统筹全局的基础上设计改革。中国外交的执行体制也要进行改革，使之更加符合国际化、全球化、多样化和多元化的世界新形势。中国的多边外交任务将更加繁重，中国的多边合作和斗争将明显增加。中国还要分期分批对具体政策进行梳理，有的要继续，有的要修正，有的则要扬弃。总之，在中华人民共和国成立半个多世纪及改革开放的20多年后，中国外交决策机制的改革已是势在必行，只有通过改革才能与时俱进，完成新历史时期赋予的伟大历史使命。

（二）"韬光养晦"和"有所作为"是完成中国外交任务的主要战略

"韬光养晦"和"有所作为"不是权宜之计，而是中国对外关系的长远战略。中国在崛起的进程中必须正确地把握"韬光养晦"和"有所作为"的辩证关系。即使中国在20年里能够完全实现奋斗目标，中国还只是个发展中国家，还是需要继续"韬光养晦"，还要继续"不当头"。只有这样，中国才能在崛起的过程中尽量减少各种阻力，尽可能地得到国际社会的认同，走出一条和平崛起的新道路。具体地说，中国在今后20年，乃至更长的时间里，要在以下诸方面落实"韬光养晦"的战略。

（1）必须充分认识到，美国为首的西方国家非常注意和防范中国的崛起，中国的许多邻国对中国的崛起还充满疑虑。所以，中国在发展的过程中必须十分谨慎，应当审时度势和趋利避害，在大国意识和大国作用问题上慎之又慎，尽可能地减少不必要的阻力和困难，特别不能使世界各种反对和负面力量的注意力尽在我身。

（2）在真正成为世界大国之前，中国的力量和影响都还相当有限。中国应当在世界事务中主持正义和公道，但是中国只能够发挥可以发挥的力量。如果中国超越自己的力量而到处表态，可能在一时一事上获得内外支持和赞扬，但由于缺乏实力的支撑，这种支持和赞扬很快就会转化为失望和批评，而且还会招致敌意和反对，最终对中国造成更大的损失。

（3）在重要战略机遇期里，中国外交将面临许多复杂困难的形势，中国的外交资源虽然不断在增长但仍十分有限，我们只能有所为和有所不为，把宝贵的资源用在事关中国的核心和重要利益上，只能在对中国国家利益至关重要的地区和问题上作出实质性的反应，在事关主权和国家统一的问题（如台湾问题）上采取坚决和果断的措施。任何国家如果希望在世界舞台上发挥大国的作用和赢得大国的尊严，那是要付出代价的。中国还只是个发展中国家，只能权衡利弊得失，实行低成本、低风险的外交。

但是，"韬光养晦"并不等于无所作为，而是应当"有所作为"。就重要战略机遇期而言，"有所作为"是要积极主动营造对中国实现全面小康有利的国际环境，它具有以下主要内涵：

（1）中国通过20年左右的努力，基本完成从地区大国向世界大国的过渡。中国在重大国际政治、经济、安全等问题上发挥重大而积极的作用，中国成为维护世界和地区综合安全的重要力量，成为国际游戏规则的重要制订者，中国在联合国改革、世贸组织各轮（回合）的讨论、全球性问题的解决等方面的作用更加重要和明显，中国的国际地位和作用将进一步提高。

（2）中国成功实现和平崛起，国际社会，特别是主要大国和周边国家接受和认同中国的和平崛起。中国不仅在经济上，而且在政治、外交、文化、教育等各个方面同世界各国，特别是主要大国实现"在竞争比较中取长补短，在求同存异中共同发展"。[1]

（3）中国在世界多极化和全球化进程中发挥更加重要的作用，中国不仅和美国，而且同欧盟国家、俄罗斯、日本、印度等世界和地区大国发展

[1] 江泽民：《全面建设小康社会 开创中国特色社会主义事业新局面》，北京：人民出版社2002年版，第48页。

各种良性互动关系，中国和拉丁美洲、非洲的关系也应有明显的发展。

（4）中国在对自己具有重大战略利益的地区的双边和多边机制，特别是在亚洲的经济和安全合作机制中发挥举足轻重的作用，对区域体系和秩序具有重大影响。

（5）中国基本解决了历史遗留下来的领土（海）和边界争端问题，中国和陆上接壤和海上相邻国家（地区）的关系更加密切和开放。

（6）中国和世界各类非国家行为体积极互动，中国和世界各国的民间往来频繁，中国在世界性、地区性、专业性的非政府间组织中的作用更加积极有效。

（7）中国内部在国际战略目标、外交路线和具体政策等方面达成相对共识，民族凝聚力进一步增强，国家的软实力得到充分的发挥。

（8）中国为下一阶段（2020—2050 年）的国际战略目标奠定了坚实的基础，为中国从世界大国向世界强国发展创造必要条件。

五、 解放思想，理论创新

面对今后 20 年，乃至更长时期的重要战略机遇期，我们只有始终坚持解放思想和理论创新，才能做到与时俱进，才能把战略机遇从可能变为现实。

（一）在现有国际秩序的框架内参与国际事务和推进国家利益

由于众所周知的原因，在新中国成立后相当长的一段时间里，中国对当时的国际秩序采取了敌视和对抗的态度，现在是重新认识、分析和利用国际秩序的时候了。中国现在是具有全球影响的地区大国，20 年后，将成为有世界影响的地区强国。有的中国学者指出："在核心主权和根本的国家利益得以维护和促进的前提下，只要有利于中国自主、繁荣与富强，中国与任何大国的外交较量都应当在国际制度之内而不是在国际制度的圈外展开。中国作为一个兴起中的大国，除了从国际制度中享受国家利益共性、国际合作和国际公共物品供应等方面的好处外，还面临着主导地位和世界贡献这两个更高层面的国家利益追求。"[1]建立公正合理的国际政治和经济新秩序是我们的长期奋斗目标，但在今后 20 年的时间里，我们不可能也无力从根本上挑战现存的国际秩序。因此，未来中国的基本战略仍然是除了发展自己力量之外，要进一步参与国际制度，推进有利于中国的国际制度安排，并要使它们尽量为我所用，争取在现行秩序内部对其进行改造。需要特别指出的是，亚太地区的秩序对中国利益来说更直接和明显，中东地区因其丰富的能源而对中国日益重要。所以，我们在考虑国际秩序时，更应该详尽地考虑这些重要地区。

（二）提倡在继承中创新

中华人民共和国成立至今已有半个多世纪，中国共产党一直是执政党，我们一贯主张战略和政策的连续性和稳定性。许多原有的思想和观念在当时情况下是正确的，但是，时代变了，情况变了，原有的思想和观念不一定还适应新的国内外形势。为此，我们要防止因循守旧和故步自封的思想，进一步创造性地继承和发展马列主义、毛泽东思想、邓小平理论和"三个代表"重要思想。此外，还要借鉴包括西方在内的世界各国的先进理论和学说，吸收世界所有文明进步的成果，认真总结中国的经验教训，为中国全面进入小康社会发展创造理论、思想、观点和话语系统。

（三）树立新型的"大国"观

中国在崛起发展过程中，应逐步走出历史悲情，超越狭隘和极端的民族主义情绪，培养大国的意识和责任感，树立民主、和平、繁荣、发展的形象，努力争取与世界各国的"共赢"。只有这样，才能从根本上得到绝大多数人民的支持和国际上绝大多数国家的理解。因此，中国在处理国际事务时，既要敢于坚持原则，也要善于妥协；既要敢于坚持原则和道义，也

---

[1] 郭树永：《国际制度的融入与国家利益》，载《世界经济与政治》1999 年第 4 期，第 65 页。

要善于争取权力和利益。要通过认真踏实的宣传解释工作，使党和国家的战略、路线、方针、政策等成为全国上下的共识。要理直气壮又循循善诱地告诉人民，有时必须作出的妥协不是软弱，而是对中国的长期发展和稳定、对历史和未来负责任的表现。

（四）确立发展目标和阶段

20 年的重要战略机遇期是个整体概念。为了完成重要战略机遇期的总体任务，我们必须将其分解为几个阶段，并明确各阶段的目标。从可预见的中国政治进程来看，将其分为两个 10 年比较妥当。2003—2012 年是第一阶段，保证中国在良好与和平的环境下进行现代化建设。在 2013—2022 年的第二阶段内，基本确立中国在世界上的大国地位。我们要把视野再扩大些，把时间框架再延长些，对 21 世纪前 20 年要有详细的目标，对前 50 年要有个明确的规划，对整个世纪要有个总体方向。我们要使大战略机遇期派生出小战略机遇期，使小战略机遇期不断积聚为大战略期，滚动相生，不断扩大。需要指出的是，即使到 2050 年，中国成为中等发达国家后，还是同先进发达国家存在相当大的差距，还需要谨慎谦虚和继续努力。

（五）加强危机管理，特别要防止台湾问题干扰和破坏重要战略机遇期

有机遇就有风险，机遇与风险成正比。我们要保持风险意识和忧患意识，居安思危，谨慎决策，规避风险，不要讳言问题和困难。对最可能出现的对我国发展战略形成冲击的热点问题制定预案，在危机发生时就不会被形势牵着走。在所有可预见的危机中，台湾问题对重要战略机遇期拥有最大的潜在破坏性。我们要采取一切预防措施，遏制岛内的"台独"势力和倾向。此外，还要制订对台战略和政策，处理好台湾问题和祖国统一的关系，处理好统一和发展的关系，严防台湾问题干扰，乃至破坏重要战略机遇期。

中国特色大国外交战略思想的发展和挑战*

战略思维创新和战略规划的完善是中国特色大国外交的重要组成部分。党的十八大以来，中国特色大国外交的战略思维持续深化，战略规划不断进步，战略目标更加明确，战略运筹日益完善。而且，中国更加重视外交战略的国际磋商和协调，为中国特色大国外交战略的成功增加了新的有利因素。中国在走向世界舞台中央的历史新时期之际，在制订和实施大国外交战略时，不仅需要积极进行战略应对，更需要提升战略引领和塑造能力，及早占据战略先机，从而实现大国外交的战略目标。

一、大国外交的战略定位

中国是一个正在不断迅速发展的国家，世界也正处于体系转型的关键期，在此双重巨变的背景下，中国在全球的战略定位具有高度的动态性。而且，战略定位问题的正确与否直接影响中国外交战略的成败。

（一）定位的内涵

在中国的外交安全思维中，"战略定位"关系到总揽全局的问题。中国学者蔡拓教授认为，国际定位"通常是指一国在国际社会中的身份、角色、

---

* 原文载《同济大学学报（社会科学版）》2017年第4期，第30—36页。

地位、作用的确认"[1]。英国学者巴里·布赞指出，国际定位在观念结构中就是一个身份建构的问题。身份一方面是自我认同的结果，另一方面是在与他者互动中形成的，甚至它本身就是国际关系进程的一部分。[2]作者认为，一国在全球的战略定位就是它对本国在当代国际体系中的地位以及在全球事务中实现其战略目标能力的总体评估。

(二) 定位的类别

关于中国的战略定位主要可分为中国对自己的定位和国际社会对中国的定位。当然，自定位最为重要，但是他定位却更能影响外部对中国的总体看法，从而也会影响中国。

中国政府在不同的语境下对中国国家性质作过如下阐述："中华人民共和国是工人阶级领导的、以工农联盟为基础的人民民主专政的社会主义国家"（《中华人民共和国宪法》），"中国是发展中国家"（中共十四大以来的历届代表大会报告）。与此同时，一些中国政府官员在学术讨论中还强调中国"大而不强""富而不强""似强未强""将强未强"等过渡期的特性。例如，全国人大外事委员会主任委员傅莹 2015 年 6 月 4 日在出席中国社科院举办的"《美国研究报告（2015）》发布式暨美国亚太再平衡战略新挑战"学术研讨会时指出："中国处在大而不强、似强未强的阶段。"[3]

中国学者关于中国外交战略定位的讨论比较踊跃，看法也不尽一致，有的对中国是"高定位"，有的是"低姿态"。他们的主要看法如下。陈玉刚认为要跳出权势思维，把中国定位为"世界上的一种和谐力量"。[4]蔡拓

---

[1] 蔡拓：《当代中国国际定位的若干思考》，载《中国社会科学》2010 年第 5 期，第 121—122 页。
[2] [英] 巴里·布赞：《美国和诸大国：21 世纪的世界政治》，刘永涛译，上海：上海人民出版社 2007 年版。
[3] 《傅莹就发展中美关系提建议：防止危机发生和失控》，参考消息网，2015 年 6 月 4 日，http//www.cankaoxiaoxi.com/china/20150604/806180.shtml。
[4] 陈玉刚：《中国的国际定位："和谐力量"》，载《中国社会科学报》2009 年 12 月 3 日。

指出，"中国是一个正在崛起的新兴大国"。[1]崔立如在谈到中国外交战略的自我角色定位时，强调应该突出"负责任的大国"。[2]王缉思的看法是复合型的："中国的国际定位可以概括为以下四点：（1）国力最雄厚的发展中国家，但在经济发达程度、科技、教育、文化软实力等方面同美国、欧盟和日本还有很大差距；（2）利益和影响迅速向全球扩展的亚洲大国，但并未能在亚洲发挥主导作用；（3）政治体制和价值体系独特的社会主义大国，正在经历深刻变革，领土尚未完全统一，受到民族分裂主义的威胁；（4）现存国际政治经济秩序的受益者、参与者和改革者，同时受到西方主导的国际规则的制约。"[3]

西方学者在中国的定位问题上莫衷一是。基辛格在《世界秩序》一书中指出："作为众多国家中的一个重要国家在21世纪秩序中如何发挥作用，中国没有先例可循。"[4]但总的来说，他们主要把中国定位为当代崛起的新兴大国、现实或潜在的超级大国、和美国共同主导世界事务的"两国集团"国家等。美国学者沈大伟认为"中国在国际上只是其中一员，而不是国际上的外交大国"[5]。欧洲学者乔纳森·霍尔斯拉赫在《中国与亚洲将有一战》中认为，中国作为一个新兴大国，其追求的核心利益与和平崛起不符。[6]

综上所述，作者认为中国的外交战略定位是：中国是个发展中大国和社会主义大国，中国外交的主要任务是为国家现代化建设创造良好的内外环境，在维护国家利益的同时，争取使国际体系和秩序朝着更加公正合理的方向发展。

---

[1] 蔡拓：《当代中国国际定位的若干思考》，载《中国社会科学》2010年第5期，第121页。
[2] 崔立如：《关于中国国际战略的若干思考》，载《现代国际关系》2011年第11期，第2页。
[3] 王缉思：《中国的国际定位问题与"韬光培晦、有所作为"的战略思想》，载《国际问题研究》2011年第2期，第4页。
[4] ［美］亨利·基辛格：《世界秩序》，胡利平等译，北京：中信出版社2015年版，第293页。
[5] David Shambaugh, *China Goes Global：The Partial Power*, Oxford and New York：Oxford University Press，2013.
[6] Jonathan Holslag, *China's Coming War With Asia*, Cambridge：Polity Press，2015.

（三）战略定位和战略思想

在中国特色大国外交的理论和实践中，战略定位和战略思想互为因果和相互作用。中国外交的战略思想，即中国对自身和世界关系互动的总体思路，主要由全球战略思想、地区战略思想、国别战略思想和领域战略思想等要素组成。[1]

中国外交的全球战略思想提倡"人类命运共同体"，重视全球治理、国际体系和国际秩序的建设工作，提出超越历史老路的"新型大国关系"，加强同发展中国家和地区的合作，等等。中国的地区战略思想主要是"近交远友"，在周边地区倡导和践行"亲、诚、惠、容"四字箴言，在其他地区强调合作共赢，并且以"一带一路"为纽带将其连成一片。中国在国别战略上主张"结伴不结盟"，以各种伙伴关系特别是战略伙伴关系引领发展。中国在领域战略上强调循序渐进的制度和规范建设，提高发展中国家的话语权和照顾它们的利益，等等。

二、 战略思想的发展创新

中国特色大国外交的发展创新是指在新时期内根据形势发展和任务变化而产生的新的战略思想和新的战略规划，大体上包含战略目标的深化、战略理念的创新、战略布局的拓展和深化、战略思维的国际交流四个方面。

（一）战略目标的深化

首先，战略目标更加明确。中国反复强调外交的战略目标就是"两个维护"，即"维护国家主权、安全、发展利益，为和平发展营造更加有利的

---

[1] 杨洁勉：《中国外交理论和战略的建设与创新》，上海：上海人民出版社 2015 年版，第76 页。

国际环境，维护和延长我国发展的重要战略机遇期，为实现'两个一百年'奋斗目标、实现中华民族伟大复兴的中国梦提供有力保障"[1]。在"维护国家主权、安全、发展利益"方面，习近平提出了总体国家安全观，将外交同安全和发展等视为一体，强调三者之间的互动和联动关系以及共同目标。在"维护和延长我国发展的重要战略机遇期"方面，习近平强调："综合判断，我国发展仍然处于可以大有作为的重要战略机遇期。我们最大的机遇就是自身不断发展壮大，同时也要重视各种风险和挑战，善于化危为机、转危为安。"[2]

其次，战略目标更成体系。为了更好地实现"两个一百年"奋斗目标和中国梦，习近平又先后提出了"利益共同体""责任共同体"和"亚太共同体"等系列"共同体"，并逐步将它们整合为"人类命运共同体"。现在，"人类命运共同体"已经成为中国特色大国外交的一个重要战略目标。

最后，战略目标更加务实。外交战略目标要远大，但也要务实，这是由外交的特殊性所决定的。党的十八大以来，中国外交的战略目标又逐步细分为国际体系和全球治理建设、新型大国关系建设、"一带一路"建设、周边外交建设、发展中地区合作等，从而使宏大的战略目标有抓手、能落地、有实效。

（二）战略理念的创新

首先，战略理念更具前沿性。中国外交历来强调顺应时代潮流。习近平指出："在保持外交大政方针连续性和稳定性的基础上，主动谋划，努力进取。"[3]习近平在二十国集团杭州峰会开幕致辞中满怀豪情地指出："让我们以杭州为新起点，引领世界经济的航船，从钱塘江畔再次扬帆启航，驶向更加广阔的大海！"[4]事实也正如此，国际舆论高度关注杭州峰会，普

[1][2][3]《习近平出席中央外事工作会议并发表重要讲话》，新华网，2014年11月29日，http://news.xinhuanet.com/ttgg/2014-11/29/c_1113457723.htm。
[4]《习近平在二十国集团领导人杭州峰会上的开幕辞》，载《人民日报》2016年9月5日。

遍认为这是二十国集团历史上成果最为丰富的一届峰会，会议主题议题和成果有雄心、有视野、有创新，具有开创性、方向性、标志性意义，为摆脱当前世界经济困局提供了新思路，为深化国际经济合作指明了新方向，体现了中国广阔的战略视野，展现了中国领导人的博大气度胸怀。[1]

其次，战略理念更具针对性。从某种意义上讲，战略理念是对战略目标和战略任务的回应。面对全球治理和国际体系及国际秩序的新挑战，习近平强调："全球治理体制变革离不开理念的引领，全球治理规则体现更加公正合理的要求离不开对人类各种优秀文明成果的吸收。要推动全球治理理念创新发展，积极发掘中华文化中积极的处世之道和治理理念同当今时代的共鸣点，继续丰富打造人类命运共同体等主张，弘扬共商共建共享的全球治理理念。"[2]面对世界上反全球化、去全球化和逆全球化的思潮，习近平以大无畏的气概指出，"把困扰世界的问题简单归咎于经济全球化，既不符合事实，也无助于问题解决"，"人类历史告诉我们，有问题不可怕，可怕的是不敢直面问题，找不到解决问题的思路。面对经济全球化带来的机遇和挑战，正确的选择是，充分利用一切机遇，合作应对一切挑战，引导好经济全球化走向"。[3]

最后，战略理念更具道义性。中国坚持公平正义和合作共赢的国际关系原则，在外交战略上十分重视道义和道德。习近平多次强调指出，"做好外交工作，胸中要装着国内国际两个大局，坚持正确义利观，有原则、讲情谊、讲道义，多向发展中国家提供力所能及的帮助"[4]，"要坚持正确义利观，做到义利兼顾，要讲信义、重情义、扬正义、树道义"[5]。

---

[1] 王毅：《为世界经济治理提供中国方案》，载《人民日报》2016年9月20日。

[2] 《习近平在中共中央政治局第二十七次集体学习时强调推动全球治理体制更加公正更加合理为我国发展和世界和平创造有利条件》，新华网，2015年10月13日，http://news.xin-huanet.com/politics/2015-10/13/c_1116812159.htm。

[3] 习近平：《共担时代责任 共促全球发展——习近平主席在世界经济论坛2017年年会开幕式上的主旨演讲》（2017年1月17日，达沃斯），载《人民日报》2017年1月18日。

[4] 《习近平在周边外交工作座谈会上发表重要讲话》，载《人民日报》2013年10月26日。

[5] 《习近平出席中央外事工作会议并发表重要讲话》，新华网，2014年11月29日，http://news.xinhuanet.com/ttgg/2014-11/29/c_1113457723.htm。

（三）战略布局的拓展和深化

中国历来信奉"先谋于局、后谋于略，略从局出"的战略布局思想。2013年10月，中央召开新中国成立以来首次——至今也是唯一的一次——周边外交工作座谈会，其主要任务就是："总结经验、研判形势、统一思想、开拓未来，确定今后5年至10年周边外交工作的战略目标、基本方针、总体布局，明确解决周边外交面临的重大问题的工作思路和实施方案。"[1] 2014年11月，习近平在中央外事工作会议上又提出了在"新形势下不断拓展和深化外交战略布局"的要求。[2]

对于习近平拓展和深化中国外交的全方位战略布局的实践和理论，国务委员杨洁篪在2017年初作了如下总结："习近平总书记以宏大的战略思维，谋划运筹外交工作全局。党的十八大以来，习近平总书记共出访24次，访问48个国家，以周边和大国为重点，以发展中国家为基础，以多边外交为舞台，以构建全球伙伴关系网络为主要路径，以参与和引领全球治理为开拓方向，以'一带一路'建设为对外合作重要渠道，实现对五大洲不同类型国家元首外交的全覆盖、对发展中国家整体合作机制的全覆盖，形成了全方位、多层次、立体化的外交布局，以点带面、点面结合、全面均衡、整体推进，开创了外交工作的新局面。"[3]

（四）战略思维的国际交流

外交战略思维的一个重要特点就是它的国际性。中国作为一个全球性大国，非常重视外交战略思维的国际交流。习近平在战略思维的国际交流中强调兼听则明和兼收并蓄。在国际体系和国际秩序方面，习近平同普京

---

[1] 《习近平在周边外交工作座谈会上发表重要讲话》，载《人民日报》2013年10月26日。

[2] 《习近平出席中央外事工作会议并发表重要讲话》，新华网，2014年11月29日，http://news.xinhuanet.com/ttgg/2014-11/29/c_1113457723.htm。

[3] 杨洁篪：《在习近平总书记外交思想指引下不断开创对外工作新局面》，载《人民日报》2017年1月14日。

保持密切和深入的交流。2013 年 3 月，习近平把俄罗斯作为其担任国家主席后出访的第一站。他在同普京总统会谈时强调："中俄互为最主要、最重要的战略协作伙伴，深化中俄全面战略协作伙伴关系，在两国外交全局和对外关系中都占据优先的战略地位。面对复杂多变的国际形势和依然严峻的国际经济环境，中俄要更加紧密地加强全方位战略合作。"[1]此后，中俄在维护世界反法西斯战争成果及其所代表的国际秩序方面的战略协商和协调得到进一步加强，两国还在全球和地区层次上进行富有成效的战略协调，增强了中俄在世界上的战略引领作用。此外，中国还与欧盟共同打造"和平、增长、改革、文明"四大伙伴关系，同广大发展中国家加强了在落实联合国《2030 年可持续发展议程》等发展问题及南南合作方面的战略协调。

三、 充分认识和积极应对挑战

中国在今后数十年内将实现"两个一百年"的奋斗目标，并将加快从全球大国向全球强国的历史性过渡。与此同时，中国大国外交的战略环境、战略任务、战略能力和战略意识也将面临新的挑战。

（一）战略环境新挑战

首先，国际形势变化特别是亚太国际关系矛盾叠加将对中国形成更多和更大的战略影响。世界和地区的经济、政治、安全、社会等板块相互挤压而形成时代张力，正在日益向中国聚焦。中国作为处于上升期的新兴大国，面临来自各地区和领域的战略新关注和战略新压力。

其次，国际格局变化特别是美国的战略收缩将对中国在世界事务中的作用提出更高和更多的要求，如要求中国填补美国在经济全球化、气候变化和中东地区等留下的"领导空白"，又如要求中国接受"中美共治"的呼声日高。中国需要对意愿和能力、目标和可能、远期和近期等进行综合平

---

[1]《习近平主席同普京总统会谈》，载《人民日报》2013 年 3 月 23 日。

衡和战略抉择。

最后，中国面临内外安全的双重挑战。一方面，中国在台湾问题、领土（海）争端、核导扩散、朝鲜半岛危机、恐怖主义、"颜色革命"、金融危机、能源供应、疫病灾难等问题上都需要有新的战略认识和战略部署。另一方面，全球化和信息化使得国际问题国内化和国内问题国际化的趋势日益加强。中国将面临经济发展的转型期、国内改革的攻坚期和社会变动的活跃期所叠加的复合挑战，在应对内外挑战方面的任务尤为复杂和繁重。

（二）战略任务新挑战

首先，中国将需要向世界提供更多的有形的公共产品。中国作为世界第二大经济体和最大的发展中国家，在推进联合国《2030 年可持续发展议程》和南南合作中，需要提供更多和更优的国际公共产品。而且，中国在从发展中国家向中等发达国家的历史性过渡中，将需要承担从发展中国家"毕业"后对发展中国家的义务和责任，也将面临发达国家所要求的"对等"义务。例如，中国在南南合作、"一带一路"、中非合作和"16 + 1"（中国和中东欧的合作）等众多的国际合作机制中提供更多的资金、援助和劳务等。

其次，中国将需要向世界提供更多的无形公共产品。中国走近世界舞台中心的时间不长，参与全球治理的经验尚不丰富，拥有地区合作的主导权并不完全，提供无形公共产品的条件不够成熟。在此背景下，中国更需要通过战略规划和战略准备，在发展理念、管理机制、科技创新、政治引导、外交斡旋和安全保障等方面与国际社会共同努力，争取在可能的条件下向世界提供更多的、前瞻性的无形公共产品。

最后，中国将需要进一步夯实大国外交的国内战略基础。其一，强本固原。中国在转型期和过渡期特别需要国内政治稳定、经济发展和社会进步。因此，中国在"后小康社会"就更加需要凝聚举国上下新的战略目标和战略任务，成为在信息时代、多样文化和多元社会的主旋律和主方向。其二，加强共识。外交问题与世界形势紧密相连，国际问题又变化无穷，而且中国在刚进入大国外交阶段时势必面临不同的国内看法。因此，中国特别需要在外交的战略定位上形成共识，从而更好地完成外交的战略任务。其三，机制改革。中国外交的战略任务变了，中国外交的体制机制改革也是题中应有之义。但是，外交体制机制改革又同国内其他的体制机制改革密切相关，牵一发而动全身，任务的紧迫性和改革的复杂性两者相交，加重了外交体制机制改革任务的艰巨性。

（三）战略能力新挑战

首先，中国在战略设计能力方面需要提高自身的系统和动态能力。在中国奉行反对型或追赶型外交战略时，目标相对清晰，任务也比较明确。例如，在国际体系和国际秩序方面，中国的战略能力主要表现在伸张正义和反对霸权方面。但是，在未来全球治理、国际体系和国际秩序方面，中国需要具备更加全面和长远规划的能力。中国在其他地域和领域方面的情况大致也是这样。为此，中国的战略视野必须超越当前的实力和能力，以前瞻的战略能力去提出建设性和可操作的战略规划，这是中国需要经过努力才能拥有的能力。

其次，中国在战略实施能力方面需要逐步提高和不断完善。一是要增加实践的磨炼。中国特色大国外交实践尚处于起步阶段，历练和经验都还有限，还需要更多的大国外交实践，以大国视野看待中国的对外关系，以大国责任处理与中小国家的关系，以大国身份与其他大国进行互动。二是要提高理论的建设。中国特色大国外交理论正在逐步积累，初步具备了中国特色大国外交理论建设的基本条件。现在的主要问题是，中国特色大国外交需要在理论指导实践和理论转为实践方面下更大的工夫。三是要发挥体制机制的作用。中国特色大国外交所应对的情况内涵丰富、形式多样、困难重重，因而需要充分发挥中国的体制机制优势，在内外统筹、各方协调、团队作用和集中聚焦等方面提高中国特色大国外交的战略实施能力。

最后，中国在国际战略沟通能力方面需要提高共商意识、加强机制建设和实现共建目标。一是提高共商意识。中国在设计和实施外交战略时，不仅需要以自身条件和自身利益为依据，还应该考虑到国际社会和有关地区、国家的因素，认真听取各方意见和建议，尽可能地进行沟通和协商，从而在外交战略上增信释疑。二是加强机制建设。中国已经基本完成战略伙伴关系的布局，今后的主要任务是落实、巩固和提升。中国已经同主要发达国家建立了战略对话机制[1]，今后不仅需要深化同发达国家的战略对话，还要加强同发展中国家的战略对话，增加战略对话的代表性和前瞻性。三是实现共建目标。中国作为最大的发展中国家和世界第二大经济体，在大国外交中需要加强对世界事务和全球治理的战略设计和实施，因此需要在此进程中加强与有关各方进行共同设计和共同实施，这是中国特色大国外交面临的新任务，中国的有关实践经验还不丰富，思想理论准备只是刚刚开始，政策举措也不够完善，因而需要重点加强和努力。

（四）战略意识新挑战

首先，增强"大国责任"意识。在当代世界正在发生根本性变化之时，中国的"大国权利"意识普遍提高，举国上下一致要求更好地维护国家的核心利益，增加在国际上的话语权和规制权。但是，在中国"大国责任"问题上具有不同的看法，因此亟须统一到习近平关于中国"大国责任"的重要讲话精神上，充分认识到"作为大国，意味着对地区和世界和平与发展的更大责任"。[2]而且，随着时间的推移和形势的发展，中国对地区和世界和平与发展的责任需要进一步深化和细化，实现从意识到现实的转变。

其次，增强"大国义务"意识。在相当程度上，"义务"意味着单向付出而不求回报。2013 年 3 月，习近平访非期间首次提出正确义利观。同年10 月，习近平在周边外交工作座谈会上强调："要找到利益的共同点和交汇

---

[1] 如建立于 1998 年的中国欧盟领导人年度会晤机制，起始于 2004 年的中美战略对话机制，以及中法战略对话机制（2003 年）、中英战略对话机制（2005 年）、中德战略对话机制（2015 年）和中日战略对话机制（2005 年，2011 年中止）等。此外，还有建立于 2004 年的中俄安全战略磋商机制和始于 2008 年的中印战略对话机制（副外长级）等。

[2] 习近平：《迈向命运共同体开创亚洲新未来——在博鳌亚洲论坛 2015 年年会上的主旨演讲》，新华网，2015 年 3 月 28 日，http://news.xinhuanet.com/politics/2015-03/28/c_1114794507.htm.

点，坚持正确义利观，有原则、讲情谊、讲道义，多向发展中国家提供力所能及的帮助。"[1]习近平2014年7月4日在首尔大学的演讲中比较全面地阐述了正确的义利观。他指出："国不以利为利，以义为利也。"在国际合作中，我们要注重利，更要注重义。中华民族历来主张"君子义以为质"，强调"不义而富且贵，于我如浮云"。在国际关系中，要妥善处理义和利的关系。政治上，要遵守国际法和国际关系基本原则，秉持公道正义，坚持平等相待。经济上，要立足全局、放眼长远，坚持互利共赢、共同发展，既要让自己过得好，也要让别人过得好。[2]在面向未来的中国特色大国外交战略中，"国际义务"的内涵和外延将会有更大的拓展，需要举国上下的共识，从而为履行中国的大国国际义务奠定更加坚实的基础。

最后，增强"大国贡献"意识。大国在国际关系中起着特殊和重要的作用，中国特色大国外交的贡献意识是多方面的。一是要有强烈的"参与"意识。中国在国力和影响有限时，对许多国际问题应当而且也只能采取相对"超脱"的态度，以便集中精力应对和解决最紧迫、最直接的问题。但是，在内外条件已经发生重大变化时，中国的大国外交要有更多的参与和担当。二是要有强烈的"贡献"意识。对于重大的国际和地区问题，中国在做出贡献时，需要切切实实地准备和付出，有时还要做出巨大牺牲。中国在增强"贡献"意识时，还要逐步培育社会的共识和支持，使"贡献"成为国家和人民的共同努力方向，而不是被迫承担大国责任和义务。三是要有强烈的"宣传"意识。对外宣传、对外公关和公共外交等是中国特色大国外交的重点和难点，中国在一些重大外交问题上受制于"多做少说"和"只做不说"的传统思路，因而不能与国内外民众进行充分的沟通，从而影响中国特色大国外交完全取得预定的成果。总之，中国在全球化和信息化时代，要更加重视大国的"宣传"意识，使之在未来发挥更加积极有效的作用和影响。

---

[1]《推动我国发展更多惠及周边国家》，载《人民日报》2013年10月26日。

[2]《习近平在韩国国立首尔大学的演讲》，新华网，2014年7月4日，http://news.xinhuanet.com/world/2014-07/04/c_1111468087.htm。

新时代中国外交的战略思维和谋划*

在习近平新时代中国特色社会主义思想的指导下，党的十九大开启了中国特色大国外交战略思维和谋划的新征程。中国以更高的站位、更远大的视野、更科学的态度制订和实施外交战略时，正在加强战略思维和谋划。中国特色大国外交战略思维是包括战略目标、战略判断、战略谋划、战略研究和战略推介在内的总体过程。"人们的思维方式、思维特征决定着其战略理论的发展和战略对策的制定。从这个意义上说，有什么样的思维方式、思维特征，就会有什么样的战略理论和战略对策。"[1]因此，深入研究和完善战略思维是打造新时代中国外交新局面的重要前提，是为国际社会提供公共产品的重要途径，也是国际关系理论建设的重要组成部分。

一、 与时俱进的战略思维

"中国特色的大国外交战略充分展示了中国的世界观、中国的理念，蕴含着中国文化的精华和智慧，体现了中国的境界、中国的责任和担当。"[2]进入新时代之际，中国特色大国外交正在传承优秀传统的基础上与时俱进，进行思维探索和创新，加快从感性向理性的质的飞跃，使战略思维更加符合当前国内和国际的实情，更有效地指导今后的中国外交。

---

　　* 原文载《外交评论》2018 年第 1 期，第 1—15 页。
〔1〕 于汝波：《大思维：解读中国古典战略》，北京：军事科学出版社 2001 年版，第 1 页。
〔2〕 张新平主编：《中国特色的大国外交战略》，北京：人民出版社 2017 年版，第 9 页。

（一）战略思维的中国特色

作为国际社会的重要成员，中国大国外交的战略思维除具有当代大国的一般属性外，还因其政治体制、思想传承和秉持正义等因素而具有三大特殊属性。

1. 坚持党的领导。

"中国共产党的领导，既是中国特色社会主义的最本质特征，也是最大优势，更是我们应对各种内外复杂形势的根本保障。"[1]中国特色大国外交战略的思维过程，就是实现中国共产党的短期、中期和长期目标的思维统一过程，也是实现中国共产党的国家和全球的思维统一过程。实现了以上两大思维的统一，就是在战略思维上维护和发展了中国共产党对大国外交战略的指导和领导，提供了中国特色大国外交取得预期战略成效的保障。因此，在面对各种思想理论和实际问题的挑战之际，特别是中国进入新时代和人类社会处于大发展大变革大调整时期，中国必须在以习近平同志为核心的党中央的坚强领导下，坚持中国化马克思主义的思想原则，运筹大国外交战略，开创外交新局面。

2. 战略思维的内生性。

中国拥有 5 000 年连绵不断的中华文明传统，100 年的马克思主义和革命思想传统、70 年的外交和 40 年改革开放的理论实践，这为中国波澜壮阔的外交事业和大国外交战略思维提供了内生条件。基辛格指出："中国人是实力政策的出色实践者，其战略思想与西方流行的战略与外交政策截然不同。……在陷于冲突中时，中国绝少会孤注一掷，而依靠多年形成的战略思想更符合他们的风格。西方传统推崇决战决胜，强调英雄壮举，而中国的理念强调巧用计谋及迂回策略，耐心累积相对优势。"[2]特别需要指出的是，中国改革开放的丰硕成果和中国特色社会主义的伟大成就，孕育了中

---

[1] 杨洁篪：《深入学习贯彻习近平总书记外交思想，不断谱写中国特色大国外交新篇章》，载《求是》2017 年第 14 期，http://www.qstheory.cn/dukan/qs/2017-07/15/c_1121307595.htm。

[2] ［美］亨利·基辛格：《论中国》，胡利平等译，北京：中信出版社 2015 年版，第 18—19 页。

国与时俱进的大国战略思想，深化了大国战略思维。中国特色大国外交战略思维要从中国实际出发和为中国实际服务。战略思维当然需要理论的指导，但不能仅仅根据经典著作或"老祖宗"的某些论断进行逻辑推理，更不能搬出美西方国际关系理论来"套用"，甚至"检验"中国战略思维。因此，战略思维首先需要坚持实践是检验真理的唯一标准，在中国对外关系工作中进行高度抽象提炼。

3. 战略思维的历史进步性。

西方国际关系理论中的战略思维往往与军事安全有关，并且强调它的谋略性。但是，中国作为社会主义大国和发展中大国，其外交的战略思维还强调历史进步性。习近平指出："中国必须有自己特色的大国外交。……要坚持国际关系民主化，坚持和平共处五项原则，坚持国家不分大小、强弱、贫富都是国际社会平等成员，坚持世界的命运必须由各国人民共同掌握，维护国际公平正义，特别是要为广大发展中国家说话。"[1]党的十八大以来，中国在加强与发展中国家的关系上非常强调战略思维公平正义的进步性。中国牢牢把握中国发展的阶段性特征，坚持发展中国家的自身定位，在全球治理体系改革问题上为发展中国家主持公道，更好地维护发展中国家的共同利益。中国发起一系列以发展中国家为主体的国际组织及合作机制，实现了多边机制在发展中国家的网络化全覆盖，努力补强全球治理体系中的南方短板，推动金砖国家、上海合作组织等机制在区域和全球治理体系中发挥更大作用。[2]

(二) 主客观战略思维积极互动

习近平历来强调和重视客观和主观世界的互动转化关系，他在中共十八届中央政治局第二十次集体学习时强调，"要学习掌握世界统一于物质、

---

[1] 习近平：《中国必须有自己特色的大国外交》，载《习近平谈治国理政》（第二卷），北京：外文出版社 2017 年版，第 443 页。
[2] 乐玉成：《为全球治理体系改革和建设不断贡献中国智慧和力量》，载《党的十九大报告辅导读本》，北京：人民出版社 2017 年版，第 418 页。

物质决定意识的原理，坚持从客观实际出发制定政策、推动工作"，"辩证唯物主义并不否认意识对物质的反作用，而是认为这种反作用有时是十分巨大的"。[1]

1. 主观认识世界必须遵循客观规律。

中国在成为全球大国时，特别要尊重世界事务的客观发展规律，不能仅以主观意识去要求客观事物超常规的发展。外交，特别是大国外交需要积累，在感性经验的量变中向理性认识过渡。令人欣慰的是，2008 年全球金融危机以来，中国大国外交的积累为理性的升华奠定了实践基础。中国在丰富多彩的多边主场外交中，逐步累积了议题设置和会务主导的经验，使主场外交的规模、频度、作用和影响不断上升。

2. 中国外交主观认识的阶段性。

中国的主观认识随着对大国外交客观认识的提高而逐步深化，在阶段性进步的基础上强化了对大国外交战略的主观认识。中国在经济、军事和政治实力还不足以影响到全球时，主要关注国际形势对中国的影响。但随着中国综合国力提升后，从 2008 年全球金融危机后开始强调自身发展对国际形势发展的作用。当前，中国在客观和主观上都比以往更加具备影响世界的能力和需求，中国方案和中国贡献也就应运而生了。由此可见，认识是有阶段性的。如果在特定阶段没有达到应有的认识，那么就无法履行应有的责任和担当。

3. 思维的多重性和多维性。

国际形势由多种因素构成，其发展进程充满波澜起伏，线性思维以及与此密切相关的路径依赖，都会对国际形势作出片面甚至是错误的判断。习近平强调："要学习掌握唯物辩证法的根本方法，不断增强辩证思维能力，提高驾驭复杂局面、处理复杂问题的本领。"[2]因此，我们在分析国际

---

[1][2]《习近平在中共中央政治局第二十次集体学习时强调：坚持运用辩证唯物主义世界观方法论，提高解决我国改革发展基本问题本领》，新华网，2015 年 1 月 24 日，http://news.xinhuanet.com/politics/2015-01/24/c_127416715.htm。

形势时，一定要多向和多维地看待和分析，从单向影响到多向联动，努力接近和符合客观实际。

（三）战略思维理论的重点

中国特色大国外交战略思维的过程同外交实践是同步和交叉进行的。在厘清思维和实践的互动关系和发现其规律后，需要进而分析战略思维理论在怎样的条件下才能更加有效地指导实践。因此，中国特色大国外交在已有成就的基础上，重点需要围绕纲领性和行动性以推进战略思维理论的建设，实现真正的理性思维和有效思维。

二、大国外交的战略目标

外交战略目标是国家根据形势发展需要和实现可能，在一定时期内确立的奋斗目标。中国特色大国外交战略目标与我国"两步走"战略安排相匹配，并调集所有资源和力量为实现这一战略目标而努力奋斗。

（一）确立人类命运共同体为大国外交的战略目标

党的十九大明确了新时代中国特色大国外交的战略目标，就是要"构建人类命运共同体"。面对历史性机遇和挑战，习近平对人类命运和国际大势的走向进行了深入的思考，他指出："世界怎么了、我们怎么办？这是整个世界都在思考的问题，也是我一直在思考的问题。"[1]事实上，习近平于2013年首次提出要建构"人类命运共同体"后，在不同场合对构建人类命运共同体进行了多次重要阐述，逐步形成了科学完整、内涵丰富、意义深远的思想体系，同时把人类命运共同体提升至中国特色大国外交战略目标的高度进行深化和细化。

---

[1] 习近平：《共同构建人类命运共同体》，载《习近平谈治国理政》（第二卷），北京：外文出版社2017年版，第537页。

2015 年 9 月 28 日，习近平在第七十届联合国大会的讲话中，公开和全面阐述了人类命运共同体的内涵：平等相待、互商互谅的伙伴关系，公道正义、共建共享的安全格局，开放创新、包容互惠的发展前景，和而不同、兼收并蓄的文明交流，尊崇自然、绿色发展的生态体系。[1]2017 年 1 月 18 日，习近平在联合国日内瓦总部发表的主旨演讲中指出：构建人类命运共同体，关键在行动。国际社会要从伙伴关系、安全格局、经济发展、文明交流、生态建设等方面作出努力。[2]在党的十九大报告中，习近平再次呼吁："各国人民同心协力，构建人类命运共同体，建设持久和平、普遍安全、共同繁荣、开放包容、清洁美丽的世界。"[3]人类命运共同体理念提出后，得到越来越多的国际认同，联合国机构多次将其载入正式文件，许多国家的政府和社会舆论也以不同形式予以认同和支持。

人类命运共同体理念体现了超越狭隘民族国家利益、国家间关系和意识形态的全球观和世界眼光，是一份思考人类未来的中国方略。作为国际社会为之共同奋斗的理想，人类命运共同体不是抽象的、缥缈的，而是现实的、具体的，是可以分步渐进实现的目标。[4]可以想见，随着形势和任务的发展，人类命运共同体作为中国大国外交的战略目标还会继续丰富、发展和升华。

（二）人类命运共同体的一个重要前提就是新型国际关系

如果说人类命运共同体是中国特色大国外交在新时代崇高而值得追求的战略目标，那么新型国际关系就是实现人类命运共同体极其重要的前提。

---

[1] 习近平：《携手构建合作共赢新伙伴，同心打造人类命运共同体》，载《习近平谈治国理政》（第二卷），北京：外文出版社 2017 年版，第 523—525 页。

[2] 习近平：《共同构建人类命运共同体》，载《习近平谈治国理政》（第二卷），北京：外文出版社 2017 年版，第 541 页。

[3] 习近平：《决胜全面建成小康社会，夺取新时代中国特色社会主义伟大胜利——在中国共产党第十九次全国代表大会上的报告》，北京：人民出版社 2017 年版，第 58—59 页。

[4] 杨洁勉：《牢固树立人类命运共同体理念》，载《求是》2016 年第 1 期，http://www.qs-theory.cn/dukan/qs/2015-12/31/c_1117607996.htm。

在近代、现代和当代国际关系中，许多西方大国信奉弱肉强食、丛林法则、穷兵黩武、强权独霸、赢者通吃、零和博弈等原则。习近平对于国际体系和国际秩序中的不公正性和不合理性多次进行了旗帜鲜明的批判，并且公开亮出中国的主张。习近平指出："弱肉强食、丛林法则不是人类共存之道。穷兵黩武、强权独霸不是人类和平之策。赢者通吃、零和博弈不是人类发展之路。"[1]党的十九大强调要"推动建设相互尊重、公平正义、合作共赢的新型国际关系"[2]。相互尊重是世界各国平等互信的基础，公平正义是中国历来坚持的原则，而合作共赢则是在当前条件下应该为之努力并且可望实现的目标。

在如何推进新型国际关系建设方面，党的十九大报告的外交部分提出了三大战略途径。第一，积极发展全球伙伴关系。主要是构建总体稳定、均衡发展的大国关系框架，深化同周边国家关系，加强同发展中国家团结合作。第二，坚持对外开放的基本国策。主要是打造以"一带一路"为代表的国际合作新平台，加大对发展中国家特别是最不发达国家援助力度，推动建设开放型世界经济。第三，秉持共商共建共享的全球治理观。继续发挥中国负责任大国作用，支持联合国发挥积极作用，支持扩大发展中国家在国际事务中的代表性和发言权。诚然，随着内外环境和条件的变化以及战略思维的深化，中国在建设人类命运共同体的过程中还会不断调整、更新、创新，具体的战略规划和安排也会不断深化和细化。人类命运共同体作为国际社会的最大公约数，将在不断推进中逐步得以实现。

三、 准确判断战略态势

在战略思维过程中，对战略态势的判断是极其重要的环节。随着综合国力的增长和国际地位的上升，中国需要重新审视既有的战略判断，更要

---

[1] 习近平：《铭记历史，开创未来》，载《人民日报》2015 年 5 月 8 日。
[2] 习近平：《决胜全面建成小康社会，夺取新时代中国特色社会主义伟大胜利——在中国共产党第十九次全国代表大会上的报告》，北京：人民出版社 2017 年版，第 58 页。

以日益走近世界舞台中央的大国身份对国际战略态势作出更有前瞻性的判断，并在此基础上制订和实施中国特色大国外交战略。

（一）中国对国际形势的战略判断

中国对国际形势的战略判断既有历史的延续性，也有与时俱进的新变化。在20世纪80年代初期和中期，邓小平倡导解放思想和实事求是，并根据形势的变化作出了世界大战打不起来以及和平发展是时代主题的战略判断。此后，从党的十四大开始，中国在坚持和平发展时代主题这一判断的同时，提出了各有特点的形势判断。党的十四大认为，"当今世界正处在大变动的历史时期"，"和平与发展仍然是当今世界两大主题"。[1]党的十五大认为，"当前国际形势总体上继续趋向缓和。和平与发展是当今时代的主题"[2]。党的十六大认为，"和平与发展仍是当今时代的主题。……争取较长时期的和平国际环境和良好周边环境是可以实现的"[3]。党的十七大认为，"当今世界正处在大变革大调整之中。和平与发展仍然是时代主题……"[4]党的十八大认为，"当今世界正在发生深刻复杂变化，和平与发展仍然是时代主题"[5]。党的十九大认为，"世界正处于大发展大变革大调整时期，和平与发展仍然是时代主题"[6]。由此可见，中国对国际形势的总体判断在一脉相承中又根据当时的发展作出了各有特点的阐述，充分体现了实事求是和与时俱进的精神。

［1］《江泽民在中国共产党第十四次全国代表大会上的报告》，人民网，http://cpc.people.com.cn/GB/64162/64168/64567/65446/4526313.html。

［2］《江泽民在中国共产党第十五次全国代表大会上的报告》，人民网，http://cpc.people.com.cn/GB/64162/64168/64568/65445/4526290.html。

［3］《江泽民在中国共产党第十六次全国代表大会上的报告》，人民网，http://cpc.people.com.cn/GB/64162/64168/64569/65444/4429116.html。

［4］《胡锦涛在中国共产党第十七次全国代表大会上的报告》，人民网，http://cpc.people.com.cn/GB/64093/67507/6429855.html。

［5］《胡锦涛在中国共产党第十八次全国代表大会上的报告》，人民网，http://politics.people.com.cn/n/2012/1118/c1001-19612670.html。

［6］《习近平在中国共产党第十九次全国代表大会上的报告》，人民网，http://politics.people.com.cn/n1/2017/1027/c1001-29613459.html。

（二）战略态势判断的现实基础

判断国际战略态势必须从实际出发和实事求是。习近平在十八届中央政治局第十一次集体学习时指出："我们党现阶段提出和实施的理论和路线方针政策，之所以正确，就是因为它们都是以我国现时代的社会存在为基础的。"[1]改革开放以来，中国坚持走和平发展的道路，顺应和推动了和平、发展、合作、共赢的时代潮流，成为推进人类社会进步的主要动力之一。在2008年全球金融危机爆发后，中国加快了从地区大国向全球大国过渡的历史进程。在党的十八大于2012年底召开后，根据对国际形势和战略态势的正确和准确判断，中国特色大国外交更加奋发有为和锐意进取，把更多的政治和物质资源投入全球治理、国际体系和国际秩序的塑造之中，使国际力量对比朝着均衡方向发展。

与此同时，国际力量对比更加有利于广大发展中国家，特别是以金砖国家为代表的发展中大国。广大发展中国家的群体性崛起与美国霸权衰弱及欧洲大国举步维艰形成鲜明对照，"东升西降"和"南上北下"的历史趋势更加明显。近些年来，第二次世界大战以后长期被视为当然的欧美模式和自由主义思想面临巨大的挑战，而中国的道路、制度、理论和文化为国际社会提供了强有力的借鉴。所有这些发展都为我们推动国际战略态势变化提供了现实基础和有力例证，也为今后战略态势的积极变化创造了更多的有利条件。

（三）战略判断的基本方法

中国特色大国外交最根本的战略判断方法在于历史唯物主义和辩证唯物主义。正如习近平在中央外事工作会议上强调指出的那样："要树立世界眼光、把握时代脉搏，要把当今世界的风云变幻看准、看清、看透，从林

---

[1]《习近平：推动全党学习和掌握历史唯物主义》，新华网，2013年12月4日，http://news.xinhuanet.com/politics/2013-12/04/c_118421164.htm。

林总总的表象中发现本质，尤其要认清长远趋势。"[1]

1. 立足中国和胸有世界。

同一客观环境时常会有大相径庭的结论。战略判断的正确与否，不仅因立场观点而异，还在相当程度上取决于方式方法。一方面，中国的持续崛起，不断地改变着国际战略态势。在当代，正确和准确判断中国国际战略作用在很大程度上就是抓住了国际战略态势的主要变量。另一方面，中国毕竟只是国际战略态势的一个重要组成部分，因此还需要更加全面地考虑和分析其他变量。此外，还要认识到中国的作用是个渐进的过程，不能把预期作用视为现实。

2. 问题导向和使命导向。

习近平在十八届中央政治局第二十次集体学习时指出："要学习掌握事物矛盾运动的基本原理，不断强化问题意识，积极面对和化解前进中遇到的矛盾。问题是事物矛盾的表现形式，我们强调增强问题意识、坚持问题导向，就是承认矛盾的普遍性、客观性，就是要善于把认识和化解矛盾作为打开工作局面的突破口。"[2]外交工作的首要任务是应对当前的各项挑战，是要解决问题的。因此，外交战略判断工作需要不断发现问题、面对问题和解决问题。而且，我们在作出战略判断时还要增加使命意识和责任担当。如果没有党的十九大提出的"为人类进步事业奋斗意识"和"为人类作出新的更大的贡献"的使命感，那么战略判断会很不一样，这也是区分中国特色大国外交战略的重要标准之一。

3. 主要矛盾和轻重缓急。

在战略判断的方式方法上，需要学会抓住"牛鼻子"（主要矛盾）和"弹钢琴"（轻重缓急）。中国是个全球性大国，面临着无数的外交问题和挑战，在分析国际战略态势时必须分清主次先后和轻重缓急。在当前形势下，

---

[1] 习近平：《中国必须有自己特色的大国外交》，载《习近平谈治国理政》（第二卷），北京：外文出版社 2017 年版，第 443 页。

[2] 《习近平：坚持运用辩证唯物主义世界观方法论》，新华网，2015 年 1 月 24 日，http://news.xinhuanet.com/politics/2015-01/24/c_1114116751.htm。

国际主要战略态势集中表现在国际综合实力正在从欧美主导朝着更加均衡的方向发展，全球治理、国际体系和国际秩序的调整和改革则是其外在表现。因此，在国际战略态势判断上，国际综合实力的对比变化是主要矛盾，这代表着"时"和"势"的主流，而发展问题则是主要矛盾的主要方面。但是，最重要的问题未必就是最紧迫的问题，如国际反恐斗争具有紧迫性，但并不是影响国际战略态势的最主要因素。所以，我们在分析和判断时需要全面兼顾，在复杂纷繁的国际形势中厘清头绪和把握脉络，在解决最重要的问题时不忘解决最紧迫的问题，在解决最紧迫的问题时牢记最重要的问题。

四、 大国外交的战略谋划

战略就是解决怎么做的问题。中国特色大国外交战略的谋划和落实不能局限于单向和线性思维，而应全面考虑多种内外因素，特别是不利因素和反面因素。此外，还要考虑到战略的不同层次。在党的十九大已经作出顶层战略决断后，今后相当时期内的重点是具体规划和运筹。

（一）发挥丰富的中华文明优势

中国的战略研究源远流长、博大精深，是当代大国外交战略研究的思想渊源和借鉴宝库。习近平非常重视从中国优秀传统文化中汲取精华。他指出："中华优秀传统文化已经成为中华民族的基因，根植在中国人内心，潜移默化影响着中国人的思想方式和行为方式。"[1]当代形势发展赋予中华文明整体论和辩证思维以新的意义。在物质产品相对富裕的时期，更需要深化大国外交战略研究的思想文化层面，对"天下为公"和"天下己任"的战略道义进行新的阐述和运用。正如有的中国学者所指出的那样：中国

---

[1] 习近平：《青年要自觉践行社会主义核心价值观——在北京大学师生座谈会上的讲话》，新华网，2014 年 5 月 5 日，http://news.xinhuanet.com/politics/2014-05/05/c_1110528066. htm。

崛起的结果不仅会改变中国与美国的物质实力对比，而且会改变东西方文明的主次地位。……中国要建立一个比现有国际秩序更受国际社会欢迎的国际秩序，就需要在本国实践公平、正义、文明的价值观，并以此寻求一个比美国更令人向往的社会。[1]

（二）发挥中国强大的政治体制优势

外交代表国家最根本的利益，外交大权属于中央。"党的十八大以来，以习近平同志为核心的党中央总揽对外工作全局"[2]，充分体现了"党政军民学，东西南北中，党是领导一切的"[3]。在充分发挥我国政治体制优势方面，加强大国外交战略的规划工作，在战略理论、战略内涵和战略机制等研究方面实现"早期收获"，在战略实施、战略推进和战略发展中实现全方位进步。

对于中国特色大国外交的战略规划和战略实施而言，中国政治体制优势的发挥还具有极大的潜力，需要我们以更加饱满的政治热情和更加先进的专业精神予以发掘和发展。

（三）多维战略运筹和多重战略视野

制订大国外交战略需要顶层设计，尽可能地把各种因素都考虑进去，这样既有宏大的目标又有切实可行的举措。在国力较弱时，中国外交的战略思想强调利用对方的失误而后发制人。在中国国力日益强盛时，则需要保持头脑清醒和谦虚谨慎。在制订和实施进取性外交战略时，需要考虑到周边和全球可能的反应和反弹。在提出战略新思想和新理念时，需要加强

---

［1］ 阎学通：《世界权力的转移：政治领导与战略竞争》，北京：北京大学出版社 2015 年版，第 217—218 页。

［2］ 杨洁篪：《深入学习贯彻习近平总书记外交思想，不断谱写中国特色大国外交新篇章》，载《求是》2017 年第 14 期，http://www.qstheory.cn/dukan/qs/2017-07/15/c_1121307595.htm。

［3］ 习近平：《决胜全面建成小康社会，夺取新时代中国特色社会主义伟大胜利——在中国共产党第十九次全国代表大会上的报告》，北京：人民出版社 2017 年版，第 58—59 页。

中外战略的交流、交汇和交锋。

制订和落实国家外交战略通常在时间和空间上由近及远和循序渐进，这就是世界大多数国家的外交战略都以周边为重的原因。但是，对于全球性大国，特别在形势剧变时则更要以远定近，以更加全面和长远的视野来决定近期和邻国政策，从而使外交战略互相呼应和近远一体。党的十九大已经制订了未来数十年的发展规划，中国外交需要在相关领域内予以深化和细化。为此，中国需要在对今后数十年内外形势发展和全球治理趋势等作出科学判断的前提下，确立外交的总体目标、基本任务和优先方向。这样，中国特色大国外交在近远互动中，更好地服务于国家的"两步走"规划，也更加有效地促进世界和平、发展、合作、共赢。

（四）以大统小和由小变大的双向战略建构

中国外交战略思维向来以整体和大局观见长，善于提出原则方向。近些年来，中国在战略建构方面还强调"一分部署、九分落实"。习近平指出："如果不沉下心来抓落实，再好的目标、再好的蓝图，也只是镜中花、水中月。"[1]在进行新时代中国特色大国外交战略谋划时，要有新的战略建构和战略谋划。战略上的以大统小，系指在谋划主要外交战略时就应考虑到具体落实问题，使战略大而不空和遥而可及。"一带一路"倡议就是全局统领局部的战略谋划的典范。战略上的由小变大和积少成多，就是要把各部门各地区的对外工作同国家外交总体战略有机结合起来，实现量的积累和质的飞跃相互促进。2017 年 8 月 1 日，中国在吉布提的海外保障基地建成并投入使用，这是新中国建立以来的首次，具有由小变大和积少成多的战略谋划意义。

（五）可进可退和争高保低的多种战略方案

战略谋划需要多种、多样、多向的思维，在战略进取时留有战略退却

---

[1]《习近平就全国党委秘书长会议作批示》，新浪网，2014 年 10 月 11 日，http://news.sina.com.cn/c/2014-10-11/180530975778.shtml。

的余地，在战略目标争取高案时就有低案托底。中国外交同中国经济一样，总会经历高低起伏，因而大国外交的战略谋划要超越固有思维和路径依赖。从某种意义上讲，中国外交战略在前五年的全方位进取具有偿还"历史欠账"性质，即如党的十九大所指出的那样："解决了许多长期想解决的难题，办成了许多过去想办而没有办成的大事。"在新五年里，中国在外交战略的具体落实中必将面临许多难以事先预料的困难和挑战，必要的战略取舍和战略妥协在所难免，因此需要准备高案、中案、低案，加强底线思维，保护基本权益。

五、 加强战略推介

中国的外交战略首先需要得到本国的理解和支持，同时需要得到国际社会的理解和认可。在全球化和信息化时代，外交已经不再是精英们的专利，大众参与正在迅速改变着各国内政外交的思维和运作。因此，战略推介应当而且必须成为大国外交战略的重要组成部分。

（一）推介大国外交战略需要主导思想

在当前及今后相当长的时间里，中国特色大国外交战略的主导思想就是习近平新时代中国特色社会主义思想及其在外交领域的具体体现，即习近平外交思想。首先，中国在国内和国际上推介时要增加战略自信。中国在40年的改革开放中战胜了严峻挑战，取得了巨大成就，积累了丰富经验。这些是中国外交大国战略的渊源和"四个自信"的基础。其次，要从时代背景和国际趋势的高度加以认识和运作，也就是要讲深讲透它同新时代的逻辑关系和必然联系。最后，要用国际通行理念和话语阐述清楚习近平新时代中国特色社会主义思想和习近平外交思想的真谛、精髓和内涵，使之在国内国际社会入脑入心。

（二）推介大国外交战略需要主阵地

当前，全球和地区大国正式公开发布外交战略已是国际惯例。美国、俄罗斯、欧盟及欧洲主要国家等基本定期公布国家战略或外交战略报告书。由国家公布的战略报告具有权威性，也能在相当程度上引领内外舆论。中国定位全球大国和走近世界舞台中央的时间都不长，中国特色大国战略的形成和完善尚需时日。因此，中国在对外公布国际战略问题上采取了分步走的渐进方式。中国政府分别于2005年和2011年发布《中国的和平发展道路》和《中国的和平发展》白皮书，它们可以被视作"准外交战略报告"，但毕竟还不是完全意义上的国际战略报告。在适当时机并以适当方式公开发布国家外交或国际战略报告，应是中国特色大国外交在其发展和完善过程中的题中应有之义。

（三）推介大国外交战略需要加强人才队伍建设

中国的外交外事专业队伍是在周恩来亲自关心下从无到有逐步发展起来的。在以习近平同志为核心的党中央的亲切关怀下，中国既有在量和质上都在迅速增长的专业人才队伍，又有数以亿计、热衷参与国家外交的人民群众，还有分布在世界每个角落、数以千万计的华人华侨，他们正在形成世界上任何国家所难以拥有的大众舆论力量基础。在新五年里，我们要探索亿万民众掌握国家外交战略后的无穷无尽的创造力和影响力，使中国故事和中国声音传遍全世界。

（四）推介大国外交战略需要相应语境语汇

中国作为全球大国，在向世界推介中国特色大国外交战略时需要根据不同对象使用不同的语汇。当前最为突出和迫切需要的是"学术语汇"和"网络语汇"。外交工作的特殊性往往使政界走在学界的前面，先后产生了威尔逊的"十四点计划"、尼雷尔的"非洲社会主义"、撒切尔主义和里根经济学、邓小平理论，如今则有习近平新时代中国特色社会主义思想。政界语汇具有强烈的政治意义和政治作用。然而，政治理念在形成后，还需要通过学术诠释而成为相对稳定的常态语汇，从而影响国内的精英和大众思维。而且，学术语汇在一定程度上，更易于进入世界主流话语体系，产生国际感召力和影响力。网络语汇则是当代信息科技革命的产物，它的特点是短、平、快、众。政界语汇和学术语汇需要经过"二次创新"才能转化为网络语汇而为广大网民所接受和传播，反之亦然。在大众参与外交的信息化时代，中国特色大国外交战略更需要根据国家利益、人类利益等多种需求进行"网络化"，通过传统和新媒体向国内国际推介，进而取得积极和正面效果。

（五）推介大国外交战略需要国际互动

外交战略的一大特点是国际互动性，一国在制订和实施其外交战略时，必须充分考虑到有关国家的战略原则、战略目标和战略途径。因此，中国既要坚持自己的战略定力，又要拥有战略包容。中国作为新兴的发展中大国，需要在倡导人类命运共同体和新型国际关系时谋求最大公约数，以减少战略对抗和战略摩擦。中国需要进一步加强同世界各国，特别是主要大国和邻国的战略互动，尽可能前移战略互动工作，并力争做得更好。当前，中国已经同主要大国建立了元首级和其他高级别的战略对话机制，经常性地就国际重大问题进行交流和沟通。中国在重大对外关系问题上坚持"共商共建共享"原则，争取达成战略共识。中国还需要重视做国内外智库、媒体和民众的工作，加强国际战略互动的国内基础，使中国特色大国外交战略得到更多的理解、支持和认同。

（六）推介中国大国外交战略需要"互联网＋"

"互联网＋"正在广泛和深刻地改变着中国和世界。中国的信息产业已在商业应用上进入世界的第一军团，为中国特色大国外交在国内外的舆论宣传上奠定了物质和技术基础。在新五年及以后，中国要进一步解放思想和善于创新，加速国家外交的战略目标和国家的信息技术优势之间的有机结合，加大政治、资金、人才和技术的投入，通过复合型的外交-信息技术机制，打造外交-信息技术的舆论新业态，发挥大国对内外舆论应有的引领作用。

六、 结语

中华人民共和国自成立以来，在不同的历史阶段具有不同的外交战略目标和战略思维。中国在走近世界舞台中央的新时代需要重新进行战略定位和确立新的战略目标。习近平指出："战略问题是一个政党、一个国家的根本性问题。战略上判断得准确，战略上谋划得科学，战略上赢得主动，党和人民事业就大有希望。"[1]

外交和国际战略涉及方方面面。中国外交的力量和使命主要源自国家改革开放和经济社会发展的丰硕成果，但外交战略的对象和议题则主要是国际性的。对于加入全球大国行列不久的中国而言，需要更加重视大国外交战略的实践和理论建设。

党的十八大以来，以习近平同志为核心的党中央审时度势，提出中国要有自己特色的大国外交。习近平在过去五年中代表党和国家运筹大国外交战略，在大国和周边外交、发展中国家外交、多边和领域外交以及新公域外交方面取得了全方位的进展。中国外交的理论建设也取得了快速发展，形成了三个层次的理论体系：习近平新时代中国特色社会主义思想的理论总体系、习近平外交思想的理论分体系、中国特色大国外交理论的理论子体系。这三个层次组成系统的理论体系，需要融会贯通地学习和实践。

当前，中国特色大国外交战略的实践和理论已经取得了重大成果。但是，中国特色大国外交战略的制订与实施、战略思维的深化和拓展没有止境。中国特色大国外交战略在新形势下面临新的任务。新时代中国在推动构建人类命运共同体和新型国际关系的历史进程中，需要继续追求对客观世界更加正确和准确的认识，同时为改造客观世界进行更加远大但又切实可行的谋划和实践。

---

[1] 习近平：《努力开创中国特色社会主义事业更加广阔的前景》，载《习近平谈治国理政》（第二卷），北京：外文出版社 2017 年版，第 10 页。

战略不仅需要长期观和全局观，而且需要先导性和引领性。中国特色大国外交提出的影响力、感召力和塑造力就是这一理念和实践的具体体现。展望 21 世纪中叶，中国将实现"两步走"的战略目标，建成富强民主文明和谐美丽的社会主义现代化强国。我们要以届时中国的综合国力和国际地位以及世界形势，来确立今后的近期、中期和长期目标。我们在进行战略思维时要尽可能地展开想象的翅膀，考虑到各种可能的因素，特别要在思想理念、道德规范和时代潮流方面贡献中国智慧和中国方案，使中国成为人类历史进步的一个主要规划者、推动者和维护者。

国际动荡形势下的变革任务和相关挑战 *

党的二十大报告指出："世纪疫情影响深远，逆全球化思潮抬头，单边主义、保护主义明显上升，世界经济复苏乏力，局部冲突和动荡频发，全球性问题加剧，世界进入新的动荡变革期。"面对层出不穷的问题和挑战，国际社会都在关心世界的前途和方向。但是，在分析和认识形势时，虽然一般人的注意力往往在于世界的动荡，但有识之士还是在研究如何推进变革的问题。2022 年 9 月，联合国大会一般性辩论的主题是"分水岭时刻：以变革方案应对相互交织的挑战"，联合国秘书长古特雷斯呼吁各国应形成真正的世界联盟，紧急克服分歧并共同行动。联大主席克勒希则支持会员国寻求具有变革性、以影响为导向，以及具有系统性和可持续性的解决方案。[1]不言而喻，国际社会不仅需要认识世界动荡的原因，还要积极地去探索变革问题。为此，中国学界已经对世界动荡变革期的成型与发展进行了有益的探索，形成了初步的观点[2]，但针对变革问题的学理性研究仍待补充和深入。

一、 百年动荡变革的比较分析

过去的一百年是人类历史上最为动荡不安的一百年。从第一次世界大

---

　 * 原文载《俄罗斯研究》2023 年第 4 期，第 3—22 页。
［1］《联大一般性辩论开幕，古特雷斯呼吁各国克服分歧并共同行动》，联合国网站，2022 年 9 月 20 日，https://news.un.org/zh/story/2022/09/1109741。

［2］中国学者对动荡变革期的相关看法可见《笔谈：动荡变革期的时代特征》，载《世界经济与政治》2023 年第 2 期，第 3—26 页。

战至今，世界在百余年间大体经历了三次重大的动荡变革时期，分别是第一次世界大战前后、第二次世界大战前后、冷战结束前后。在这三大动荡变革时期，国际社会共同努力在动荡中推进变革，不断化危为机、开创新局，探索实现世界和平与发展的道路。

（一）第一次世界大战前后的动荡和变革

第一次世界大战给全世界造成了巨大的生命财产浩劫和社会动荡，但也第一次在西方殖民国家控制的世界体系中划出了深深的裂痕，加剧了资本主义制度所引发的各种矛盾和大国力量对比的变化，加快了世界变革的进度和深度，具有关键的历史转折意义。

首先，诞生了世界上第一个社会主义国家——苏维埃俄国，后者以列宁主义为旗帜鼓舞了世界，特别是东方被压迫民族的革命浪潮。俄国十月革命的胜利和苏维埃俄国的诞生开创了人类历史的新纪元，冲破了帝国主义阵线，打破了资本主义世界体系一统天下的局面。在十月革命的影响下，各主要资本主义国家工人运动高涨，各国共产党纷纷成立，1919 年 3 月共产国际成立，进一步鼓舞了世界无产阶级革命运动的发展。同时，苏维埃俄国先后发布《和平法令》《告俄国和东方全体伊斯兰教劳动人民书》《被剥削劳动人民权利宣言》等文件，宣传了反战争、反压迫、反剥削、民族平等和民族自决的理念，促进了殖民地和半殖民地被压迫人民的觉醒，此后爆发了中国的五四运动、土耳其的凯末尔革命、朝鲜的三一起义、印度的非暴力不合作运动等反帝斗争，形成了一阵民族解放运动的高潮。[1]

其次，欧洲大国在相互厮杀中走向衰弱。奥匈帝国瓦解，德国战败，英国和法国实力遭到削弱，欧洲的世界中心地位开始让位于美国。美国是第一次世界大战中获益最大的国家，它参战较晚，损失较小，加之欧洲各交战国对军事物资的大量需求以及它们在世界市场上竞争力的减弱，为美

---

[1] 方连庆、王炳元、刘金质主编：《国际关系史》（现代卷），北京：北京大学出版社 2001 年版，第 3—4 页。

国的快速发展提供了大好时机。第一次世界大战结束后，美国事实上已成为世界头号强国，并产生了争夺世界霸权和主导国际秩序的想法。

最后，战争迫使欧美大国更加积极地利用国际机制建设，预防世界大战的再次发生。第一次世界大战之前，实现并维持大国力量均势被视为维护和平的最佳方式，在大国关系协调的过程中，秘密外交和结盟对抗大行其道。然而，第一次世界大战的爆发表明，均势无法长期维持，一旦均势被打破，军事同盟对峙极易滑向世界大战，这促使国际社会探索新的理念和方式来实现和平。在此背景下，欧美大国在追求本国利益的同时，开始尝试构建和平解决国际争端的国际机制，例如成立国际联盟、建立国际仲裁机制、签订《洛迦诺公约》和《非战公约》、召开国际裁军会议等。这些探索促进了国际法和国际规则的发展，为第二次世界大战后联合国等国际组织的建立提供了借鉴。

虽然第一次世界大战后国际社会出现了一些积极的变革，但第一次世界大战后建立的凡尔赛-华盛顿体系并没有实现世界人民理想中的变革目标，该体系既没有改变帝国主义列强主导世界、你争我夺、弱肉强食的国际秩序，也没有改变广大殖民地和半殖民地人民被帝国主义压迫的局面，甚至未能合理安置主要大国的利益诉求。于是，经过短暂的 20 年后，帝国主义列强间的矛盾再度到达不可调和的地步，在法西斯主义的推波助澜下，第二次世界大战终于爆发。

（二）第二次世界大战前后的动荡和变革

20 世纪 30 年代，资本主义经济大危机为法西斯主义的泛滥提供了土壤，法西斯主义者接连掌握了德国、意大利、日本等国政权，并试图以对外征战的方式改变国际政治和经济格局。在一定意义上，第二次世界大战的爆发，就是以"战争"这种最高形式的系统动荡摧毁了延宕一百多年的传统秩序，使得战后的国际体系和秩序的重构能够更加深刻、更加系统，实现了体系内容的深层次变革。

首先，第二次世界大战以来的国际秩序避免了超大规模的常规战争和毁灭性的核战争。第二次世界大战带给全世界最宝贵的经验教训是不能让世界大战再次发生，拥护和平、反对侵略成为全球民众的共识。核武器问世后，美苏两个超级大国很快形成了"恐怖核平衡"，双方阵营都不敢贸然采取针对对方的军事行动，从而实现了主要大国之间的"长和平"。[1]近80年来，尽管有诸如朝鲜战争、越南战争、海湾战争、俄乌冲突等相当规模的地区性战争和冲突，但世界主要大国还是极力防止跨越红线、避免开启万劫不复的第三次世界大战。

其次，酝酿于第二次世界大战期间、建立于第二次世界大战结束时的联合国，从体系、机制、运作等众多方面推动国际关系和世界事务有序进行。在体系上，联合国既反映了战后五大国（美国、苏联/俄罗斯、中国、英国、法国）在国际社会的主导作用，又吸纳了所有得到国际承认的主权国家，使其成为最具普遍性、代表性、权威性的国际组织。[2]在机制上，《联合国宪章》以 111 个条文确立了联合国的宗旨、原则和组织机构设置，又规定了成员国的责任、权利和义务，以及处理国际关系、维护世界和平与安全的基本原则与方法，其内容在规范性、严谨性和正义性上远远超过仅有 26 个条文的《国际联盟盟约》。在运作上，联合国在调停和制止冲突、促进经济发展、支持减贫、促进治理、保护环境、保护世界遗产、改善人权状况等方面都发挥了积极的作用。尽管联合国仍存在许多不足之处，如无法确保所有成员国遵守义务、易被美国施压影响、难以协调各方达成一致等，但它毕竟在维护和促进世界和平与发展事业上发挥了无可比伦的作用。

最后，世界进步力量不断诞生和壮大。一方面，第二次世界大战的胜利大大促进了社会主义力量的发展。社会主义的苏联经受住了战争的严峻考验，为世界反法西斯战争的胜利作出了不可磨灭的历史贡献，并引发了

---

[1] John Lewis Gaddis, "The Long Peace: Elements of Stability in the Postwar International System", *International Security*, Vol.10, No.4, 1986, pp.99—142.

[2] Ian Hurd, *After Anarchy: Legitimacy and Power in the United Nations Security Council*, Princeton: Princeton University Press, 2008.

世界共产主义运动的新一轮高潮。第二次世界大战后，在欧洲和亚洲出现了一系列社会主义国家，形成社会主义阵营，特别是社会主义新中国的诞生，极大地改变了国际政治的力量对比，为保障亚洲和世界和平增添了重要力量。另一方面，第二次世界大战后独立的第三世界/发展中国家沉重打击了帝国主义的殖民体系，成为国际关系中一支强大的新兴力量，为国际格局朝着多极化方向前进和世界经济重心向亚太地区转移奠定了基础。20世纪50年代的万隆会议、60年代出现的不结盟运动、70年代兴起的南南合作和建立国际经济新秩序的诉求等，进一步提高了发展中国家群体在国际社会上的地位和作用。

但是，国际社会自第二次世界大战结束以来一直面临着阻碍和平与发展的严峻挑战，如国际关系中的两极对峙格局，又如超级大国或地区强国的霸权主义和对外战争行径，再如世界资本主义经济体系的周期性萧条，还如气候变化、恐怖主义、公共卫生等非传统安全问题的加剧。直至今日，这些挑战及其历史遗留问题依然存在，在可预见的未来仍无法得到彻底解决，成为给国际社会带来动荡并刺激国际社会追求变革的结构性难题。

（三）冷战结束前后的动荡和变革

20世纪80年代末90年代初，东欧剧变和苏联解体相继发生，美苏两大阵营的冷战宣告结束，也标志着维系第二次世界大战后国际格局的两极体系的终结。与前两次动荡变革期不同，此次动荡变革期没有爆发世界大战，世界主要国家也没有召开讨论安排国际体系的国际大会，由于以《联合国宪章》宗旨和原则为基础的国际关系基本准则已深入人心，世界自然形成了以联合国为核心的国际体系。[1]然而，这一国际体系中的大国实力对比和战略关系严重失衡，美国成为体系内唯一的超级大国，并拥有庞大的盟友和伙伴体系，以美国为首的西方世界想借冷战结束之机进一步扩大

---

[1] 习近平：《在第七十六届联合国大会一般性辩论上的讲话》，光明网，2021年9月22日，https://m.gmw.cn/baijia/2021-09/22/35179600.html。

自身优势，完全主导国际秩序和国际体系，从而导致冷战后世界的变革具有明显的特殊性、非常规性和曲折性。

一方面，一批国家受到以"颜色革命"为主要特征的政权更迭威胁，其国内政治稳定受到了冲击。冷战结束后，原苏联地区以及西亚北非地区的一些国家，国内经济发展缓慢、人民生活水平没有显著改善、政治腐败严重、社会分化加剧、地区和族群对立、民众基本权利得不到保障、反对派势力不断壮大，其国内民众对政府的不满和要求改革政治制度的呼声与日俱增。美国等西方国家看准这一时机，在这些国家中大力扶持亲西方的反对派，在舆论宣传上加强对政府和领导人的抹黑攻击，向民众特别是年轻人灌输"自由民主"、反对现政府和"街头革命"的理念，最终在这些国家引发了不同形式的"颜色革命"，格鲁吉亚、乌克兰、吉尔吉斯斯坦、突尼斯等多个国家出现政权更迭。30 年来的历史已经并还将证明，凡是被"颜色革命"染指的国家，有的政权陷入不稳定状态、政权更迭频繁、民众抗议示威不断，有的经济停滞倒退、民众生活困苦，有的陷入内战、四分五裂，还有的成为美国与其他大国进行地缘政治竞争的棋子。

另一方面，中国和广大发展中国家在困难的条件下坚持和平发展，依靠群体性力量推动国际政治和经济体系的改革，促使世界格局从"美国独大"变为"一超多强"，最终得以挫败美国独霸天下的战略图谋。冷战结束初期，美国拥有远高于其他大国的超强军事和经济实力，这使其在国际事务上独断专行、滥用武力，相继发动了科索沃战争、伊拉克战争、阿富汗战争，插手利比亚内战和叙利亚内战，而国际社会尚缺乏约束和制止美国横行的机制和力量。[1]在这种形势下，中国和广大发展中国家坚持联合国的宗旨和原则，坚持遵守国际法，坚持弘扬多边主义和反对单边主义，坚持应当构建公正合理的国际政治经济新秩序。在区域或跨区域层面，中国和广大发展中国家积极探索国家间和平共处与合作发展的新路径，例如：

---

[1] Simon Serfaty, "Moving into a Post-Western World", *The Washington Quarterly*, spring 2011, pp.7—23.

上海合作组织的建立和发展，为区域内国家实现不针对第三方的共同安全合作提供了一种新模式；非洲统一组织于 2001 年更名为"非洲联盟"，促进了非洲国家间在政治、经济、军事上的合作，提高了非洲的国际地位；冷战后，东盟成为促进亚太地区国家合作的桥梁纽带，先后与中国、韩国、日本等六个国家建立了自由贸易区，与多个亚太重要国家建立了围绕东盟的"10 + 1""10 + 3""10 + 8"机制，还提出了"区域全面经济伙伴关系"（RCEP）倡议，2020 年 11 月 15 日，东盟 10 国以及中国、日本、韩国、澳大利亚、新西兰正式签署 RCEP 协定，该协定已于 2022 年 1 月 1 日正式生效，由此诞生了全球规模最大的自由贸易区。在中国和广大发展中国家的努力下，国际政治和经济体系的变革出现了新的要求和转机，世界格局多极化的前景在不断显化。

二、 新的动荡变革时期的特点和趋势

根据国际形势的变化和趋向严峻，党的十九大指出"世界正处于大发展大变革大调整时期"[1]。党的二十大报告又将当前形势进一步概括为"世界进入新的动荡变革期"[2]。

（一）新的动荡变革时期的主要特点

与百年来的前三次动荡变革时期相比，本次的"新特点"有以下三点：

首先，本次动荡的根源除了传统的地缘战略和军事安全冲突外，非传统安全因素极为突出，其中又以新冠疫情为代表。新冠疫情一方面体现出超大规模、超长时间、超强烈度的破坏性，对现行的全球卫生治理机制形

---

[1] 习近平：《决胜全面建成小康社会　夺取新时代中国特色社会主义伟大胜利——在中国共产党第十九次全国代表大会上的报告》，http://www.gov.cn/zhuanti/2017-10/27/content_5234876.htm。
[2] 习近平：《高举中国特色社会主义伟大旗帜　为全面建设社会主义现代化国家而团结奋斗——在中国共产党第二十次全国代表大会上的报告》，http://www.gov.cn/xinwen/2022-10/25/content_5721685.htm。

成极大冲击，增加了全球安全治理的难度。[1]另一方面，新冠疫情又衍生出一系列政治、经济、社会的次生危机，并直接作用于国际格局与国际秩序上。政治方面，各国在相当一段时间内采取封闭边界以应对疫情，客观上加速了逆全球化趋势。经济方面，国际货币基金组织发布的 2023 年《世界经济展望》指出，全球经济目前的主旋律是"低增长中的高通胀"（inflation peaking amid low growth），经济预期产出将持续缩水。[2]社会方面，包含城市规划、人流物流、国际交流、出行方式、行业形态、工作方式在内的主要生活生产方式均在疫情的长期影响下受到难以估量的冲击，国际社会的风险防控与应急管理能力面临严峻挑战。[3]可以说，当下传统安全与非传统安全之间呈现紧密关联、复合交织、演化转变的关系。[4]

其次，本次动荡在相当程度上中断了 20 世纪 90 年代以来国际合作的努力和趋势，政治攻击、安全冲突、外交失措、经济转链、科技脱钩等接二连三地破坏世界的和平与稳定，单边主义和团伙式多边主义很可能使集团对立和重开冷战成为现实。一贯以"国际秩序维护者""国际体系建设者""国际合作推动者"自居的美国，却为维护一己私利、巩固本国霸权不惜主动破坏国际秩序，其实行贸易保护主义、退出国际组织以及违反军控规定等不负责任的单边行径，是逆历史发展潮流的重大倒退。[5]拜登政府自 2022 年 1 月上台以来，以所谓"加强基于规则的国际体系""民主对抗专制""建立志同道合的价值联盟"等为由，大肆推行排他性的多边主义，仅

---

［1］凌胜利：《新冠肺炎疫情与非传统安全治理》，载《前线》2022 年第 7 期。

［2］报告中指出，较之前一年，2021 年、2022 年、2023 年的经济产出变化分别为 6.2%、3.4%、2.9%，呈下降趋势。作为对比，2000 年至 2019 年间世界经济平均水平为 3.8%，详情请参阅 IMF, World Economic Outlook, Jan 2023, https://www.imf.org/en/Publica-tions/WEO/Issues/2023/01/31/world-economic-outlook-update-january-2023。

［3］陈安、刘国佳、牟笛等：《后疫情时代社会影响与应急管理的国外研究进展》，载《科技导报》2022 年第 9 期，第 29—39 页。

［4］余潇枫：《跨越边界：人类安全的现实挑战与未来图景——统筹传统安全与非传统安全解析》，载《国家治理》2022 年第 1 期，第 13—20 页。

［5］阎学通：《国际政治倒退的时代》，载《世界经济与政治》2023 年第 2 期，第 11—14 页。

在所谓的"印太"地区就有美英澳三边安全伙伴关系（AUKUS）、美日印澳四方安全对话（QUAD）、五眼联盟（Five Eyes Alliance），以及正在筹划中的芯片四方联盟（Chip 4）等多个组织机制，涵盖军事合作、情报互通、高新技术及价值链共享、地区事务建设等多个维度。美国及其盟友的此般做法极大地增加了国际社会在多边主义上达成共识与合作的难度，正如世界银行前首席财务官伯特兰·巴德（Bertrand Badré）和不列颠哥伦比亚大学教授肖逸夫（Yves Tiberghien）所言："我们长久以来所依赖的国际机构、规范和路径正日益被地缘政治所掩盖。……虽然世界多数国家仍继续支持多边主义，但若没有世界上最大的经济体和军事大国的参与，全球治理就难以为继。……国际社会必须以实用主义态度面对冲击，排他性的区域主义或意识形态俱乐部并非解决之道。"[1]

最后，动荡呼唤乃至催生变革。国际社会不仅对于变革有强烈的要求，而且正在以积极的行动推动变革的发生。以金砖国家为代表的发展中大国群体成为世界经济新的增长点。根据世界银行的数据，金砖国家国内生产总值占全球的比例从 2000 年的 8.37% 上升到 2020 年的 24.6%[2]，在"开放、包容、合作、共赢"的金砖精神引领下，金砖五国逐步推进应急储备安排和新开发银行等机制化建设，推动现有的全球经济治理体系向着更加公正合理的方向发展。[3]更为重要的是，发展中国家群体性崛起正在促进国际体系变革从原则走向现实。相当数量的新兴市场国家与发展中国家通过不断学习先进科学技术和管理模式，探索本国社会发展道路，成长为国际体系中不可或缺的政治经济行为体[4]，并在事关全球经济治理、维护发

［1］ Bertrand Badré, Yves Tiberghien, "Navigating a World in Shock", Project Syndicate, Sep 2022, https://www.project-syndicate.org/commentary/global-governance-after-geopolitical-economic-climate-breakdown-by-bertrand-badre-and-yves-tiberghien-1-2022-09.

［2］ World Bank, GDP (Current USD), https://data.worldbank.org/indicator/NY.GDP.MKTP.CD.

［3］ 黄仁伟、朱杰进：《全球治理视域下金砖国家机制化建设》，载《当代世界》2022 年第 7 期，第 29—33 页。

［4］ 殷文贵：《批判与重塑：全球治理体系的内在缺陷及其变革转向》，载《社会主义研究》2021 年第 5 期，第 163—172 页。

展中国家权益等问题上进行协商、配合，开始参与全球治理的顶层设计，成为变革国际体系的重要"撬动性"因素。[1]

（二）新的动荡变革时期的主要任务

国际社会要在消除动荡和加强变革方面双管齐下，当然也要随着形势的变化在某一特定时期集中应对一个重点，并为解决另一问题做好准备。

在应对和解决动荡方面，国际社会要标本兼治。鉴于当前的动荡具有传统、非传统和新议题的叠加、反复和长期的特点，国际社会首先要及时应对各种挑战，防止其拖延成积重难返的"老大难"问题，如世界经济长期徘徊不前、乌克兰危机久拖不决等。还如，针对也门和非洲之角等某些国家和地区的持续动乱和战乱，各国应一同努力推动"非洲之角和平会议""也门冲突各方会谈"等地区事务机制化建设，积极打造合作示范项目。[2]

在推进和实施变革方面，国际社会要在目标导向下分阶段、分地域、分领域地进行。其一，大力推进以经济科技进步为基础的维稳战略、机制和举措，并努力在其观念、设计、方式、主体、成本等方面做到拓展与超越、创新与重构。[3]人类社会巨大的生产能力同滞后的分配体制的差距还在扩大，不仅增加了经济科技发展的内外困难，而且造成政治对立、社会受损、安全多变等种种问题，因此要确立公平、正义、高效、稳定等指导原则，要在更高的站位上制订战略、改革制度和加强落实，要在物质财富的生产和分配中坚持改革和变革。其二，深化全球治理体系的改革，特别要在经济金融的高端决策、政治外交的相互磋商、军事安全的维持底线、生态环境的共同努力、思想文化的交流交锋等方面进行体制和机制改革，

---

［1］ 张贵洪、杨理伟：《从霸权治理到合作治理：百年变局下全球治理体系变革的进程与方向》，载《当代世界与社会主义》2022 年第 4 期，第 4—13 页。

［2］《全球安全倡议概念文件》，载《人民日报》2023 年 2 月 22 日。

［3］ 舒刚：《从政治稳定到政治安全——转型期中国维稳战略的创新性转换》，载《华中师范大学学报（人文社会科学版）》2013 年第 3 期，第 27—34 页。

特别要增加广大发展中国家的代表性、规则权和话语权，推动各方各施所长、各尽所能，通过多双边合作等形式充分发挥各国潜能优势[1]，携手解决当下全球治理体系的"不全球""不均衡""少担当""工具化"等顽疾沉疴。[2]其三，要在长远宏大目标的指引下分批分步进行改革和变革。在变革理想和变革实践方面，非西方群体是先锋队，第二次世界大战以来，他们不乏充满热情的理想和追求公平正义的要求，但往往在理想和现实、长期和近期、需要和可能、公平和效力之间不能综合平衡和循序渐进，至今仍未达到预期的目标和理想。

（三）国际社会在全球治理体系变革中寻求认识和行动的最大公约数

合理有效的全球治理体系是旨在覆盖整个世界和大多数重要议题的国际权威的体制和机制，并且要能够最大限度地动员整个国际社会力量应对各种挑战。

不言而喻，国际社会成员在全球治理体系的建设和变革问题上的利益、诉求、途径、目标等方面不尽相同，联合国等合作平台又存在理念贯彻困难、治理结构松散、治理能力不足、监督保障缺乏等客观局限性[3]，但在现有条件下，联合国平台仍是能够最大限度地应对和解答人类社会目前面临的重大挑战的最优选择。例如，联合国《2030 年可持续发展议程》和《巴黎协定》等几乎得到了所有国家的赞同和参与，展现了全球治理体系在经济、社会与环境等范畴上的高可塑性，又标志着全球治理理念从法理建设到规则执行的伟大迈进。[4]因此，在国际社会的共同努力下，世界各国

---

[1] 杜占元：《深入学习贯彻习近平总书记倡导的全球治理观》，载《红旗文稿》2022 年第 13 期，第 4—9 页。

[2] 刘雪莲、胡语嫣：《习近平外交思想中的全球治理观：逻辑特征与时代价值》，载《东北亚论坛》2023 年第 1 期，第 31—43、127 页。

[3] 邹志强：《理念、机制、能力：联合国与全球发展治理的关系及其启示》，载《国际关系研究》2020 年第 6 期，第 131—148、156、157 页。

[4] 李慧明：《全球气候治理的"行动转向"与中国的战略选择》，载《国际观察》2020 年第 3 期，第 57—85 页。

的政府和人民能够在许多人类面临的重大挑战问题上达成共识并付诸行动。

需要指出的是，国际社会在全球治理体系的变革上需要共商共建共享，所有行为体需要努力达成共同目标的最大公约数，主要行为体更需要理解其他行为体的处境和意愿，在相互尊重和互谅互让的基础上实现共赢多赢。对于坚持冷战思维与零和理念的少数行为体，国际社会既要进行坚决的斗争，也要多做工作，让全球治理体系渐进实现从西方价值到全人类共同价值、从大国治理到全球共治、从功能治理到系统治理的全方位变革[1]，在冲破阻力和解决困难中不断前进。

三、 中国的历史机遇和大国担当

当前，中国的综合国力和国际地位都达到了历史的新高，因而在新的动荡变革时期能够发挥更多更大作用。党的二十大指出："中国共产党和中国人民为解决人类面临的共同问题提供更多更好的中国智慧、中国方案、中国力量，为人类和平与发展崇高事业作出新的更大的贡献！"[2]

（一）中国的总体思想

总的来说，中国对形势的认识和应对思路具有客观科学、积极向上、奋发有为等特点，因而也是前瞻指导、自觉主动、切实可行的。

首先，客观科学地分析形势。中国共产党的历代领导核心都以历史唯物主义和辩证唯物主义为指导，坚持认识的阶段论和实事求是的方法论，正确评估国际国内形势，善于抓住机遇和应对挑战，因而能不断战胜困难和走向胜利。20 世纪 60 年代末和 70 年代初，世界力量发生动荡、分化和

---

[1] 徐秀军：《后疫情时代全球治理的思维变革与路径重塑》，载《外交评论》2022 年第 5 期，第 1—18 页。

[2] 习近平：《高举中国特色社会主义伟大旗帜 为全面建设社会主义现代化国家而团结奋斗——在中国共产党第二十次全国代表大会上的报告》，2022 年 10 月 16 日，http://www.gov.cn/xinwen/2022-10/25/content_5721685.htm。

重组，毛泽东据此在"两个中间地带"思想的基础上形成了"三个世界"理论。"三个世界"理论不仅揭示了国际行为体间复杂的利益和矛盾关系，还为中国外交实践提供了指导原则。中国外交的活动空间得以进一步拓宽，并为之后更加积极参与国际事务创造了有利条件。党的十一届三中全会后，经济建设成为党和国家的工作中心，邓小平根据国际形势的总体变化指出："现在世界上真正大的问题，带全球性的战略问题，一个是和平问题，一个是经济问题或者说发展问题。"[1]在邓小平科学论断的指导下，中国逐渐接触世界经济体系，拉开了全方位对外开放的序幕。面对 20 世纪 80 年代末、90 年代初国际国内局势的风云变幻，江泽民在党的十六大上提出了"二十一世纪头二十年，对我国来说，是一个必须紧紧抓住并且可以大有作为的重要战略机遇期"的重要判断。[2]在这一阶段，中国坚持并丰富了以和平与发展为主题的时代观，并在大国、周边、发展中国家关系和国际多边合作等方面取得显著成绩。党的十六大后的十年里，胡锦涛进一步深化了对重要战略机遇期的认识，并提出了构建"和谐世界"的重要思想，向世界宣告中国在致力于自身的发展和进步的同时，还将积极参与国际事务，为维护世界和平、稳定和繁荣作出贡献。党的十八大以来，习近平深刻把握人类社会发展新趋向和世界大势与时代潮流，作出"世界处于百年未有之大变局"的重大历史论断[3]，提出了一系列重大理念倡议，创立了习近平外交思想，中国也因此得以在新时代取得全方位、开创性的中国特色大国外交成就。

其次，积极向上的精神状态。当前，世界正面临着日益增多的不确定和不可知因素，国际社会需要应对前所未有的困难和挑战。在此困难条件下，悲观情绪存在于为数不少的国家、群体和人士之间，甚至还有世界末

---

[1] 邓小平：《邓小平文选》（第三卷），北京：人民出版社 1993 年版，第 104—106 页。

[2] 江泽民：《全面建设小康社会，开创中国特色社会主义事业新局面（一）》，载《人民日报》2002 年 11 月 18 日。

[3] 习近平：《坚持以新时代中国特色社会主义外交思想为指导　努力开创中国特色大国外交新局面》，载《人民日报》2018 年 6 月 24 日。

日的惊呼和感叹！然而，"沧海横流，方显出英雄本色"。在解放战争时期，毛泽东就指出："世界是在进步的，前途是光明的，这个历史的总趋势任何人也改变不了。……我们还要告诉人民，告诉同志们，道路是曲折的。在革命的道路上还有许多障碍物，还有许多困难。"[1]邓小平在谈及改革开放时也指出："……事业刚刚起步，任重而道远，前进中还会遇到一些曲折。但我坚信，我们一定能够战胜各种困难，把先辈开创的事业一代代发扬光大。"[2]习近平在论及历史发展潮流时同样强调："历史长河时而风平浪静，时而波涛汹涌，但总会奔涌向前。……我们要不畏浮云遮望眼，准确认识历史发展规律，不为一时一事所惑，不为风险所惧，勇敢面对挑战，向着构建人类命运共同体的目标勇毅前行。"[3]党的百年奋斗史和新中国成立以来的历史证明，在中国共产党的坚强领导下，中国坚持认为历史是在曲折中进步的，回流和倒流则是暂时的，因而能以积极向上的精神状态迎接挑战和克服困难，不断增加历史自信和敢于历史担当。

最后，奋发有为的事在人为。"空谈误国、实干兴邦。"中国共产党成立伊始，就以实干精神践行为人民谋幸福、为民族谋复兴的使命。习近平指出："每一项事业，不论大小，都是靠脚踏实地、一点一滴干出来的。'道虽迩，不行不至；事虽小，不为不成。'这是永恒的道理。"[4]同时，中国的发展和繁荣对世界具有积极意义。中国办好自己的事情，解决好内部问题，既是对自己负责，也促进世界各国发展，还可为完善全球治理提供重要启示和借鉴，对国际社会作出更大贡献。

（二）中国的方案框架

2008 年全球金融危机以来、特别是党的十八大以来，中国开始走近世

[1] 毛泽东：《毛泽东选集》（第四卷），北京：人民出版社 1991 年版，第 1156—1163 页。
[2] 邓小平：《邓小平文选》（第三卷），北京：人民出版社 2001 年版，第 322—323 页。
[3] 习近平：《把握时代潮流　缔造光明未来——在金砖国家工商论坛开幕式上的主旨演讲》，载《中华人民共和国国务院公报》2022 年第 19 期，第 6—8 页。
[4] 习近平：《在北京大学师生座谈会上的讲话》，载《人民日报》2018 年 5 月 3 日。

界舞台的中央，在国际秩序、国际体系和全球治理等问题上表现得更加主动和全面，在事关国际关系和世界事务的总体运作及发展趋势方面不断提出中国方案和勾勒基本框架。

首先，在目标上，分步推进和逐步建构人类命运共同体的宏伟目标。党的十八大以来，在经历了诸如利益共同体和责任共同体的领域性发展、双边和多边命运共同体国别区域性发展、跨地区和综合性的命运共同体的整合性发展，人类命运共同体理念受到越来越广泛的欢迎和响应，现在已经取得了举世公认的阶段性成果。在国家层面，中国已和包括巴基斯坦、柬埔寨、老挝、哈萨克斯坦、泰国、印度尼西亚、乌兹别克斯坦在内的多个国家共同构建形式多样的命运共同体。在地区层面，亚洲、亚太、中国-东盟、澜湄国家、中非、中阿、中拉、中国-中亚、上合组织等命运共同体开启了地区合作新局面。在全球层面，全球发展共同体、人类安全共同体、人类卫生健康共同体、人与自然生命共同体等多个命运共同体应运而生。[1]人类命运共同体理念与当今世界发展的趋势和需求相契合，已被多次写入联合国和金砖国家等国际组织决议或宣言，正在获得国际社会日益增加的支持和认同。

其次，在原则上，推进了规范规则化的进程。其一，在面对各种形式的单边主义、针对特定国家的阵营化和排他性小圈子等甚嚣尘上的全球性挑战时，中国坚定地维护以联合国为核心的国际体系、以国际法为基础的国际秩序、以《联合国宪章》宗旨和原则为基础的国际关系基本准则。其二，中国还大力提倡和认真落实正确义利观，弘义融利本来就是中国优秀传统文化的重要内容，而习近平倡导的正确义利观更是创造性地丰富了传统义利观的内涵，成为新时代中国特色大国外交的重要理念，在当今世界上树立了新的评判标准和道德旗帜。其三，"共商共建共享"正在全球范围内成为新的国际关系原则和准则。例如，2017 年第 71 届联合国大会通过了

---

[1] 谢锋：《共迎时代挑战 共创美好未来——在 2023 宏观形势年度论坛暨第四届中国智库国际影响力论坛上的主旨演讲》，外交部，https://www.fmprc.gov.cn/wjbxw_new/202301/t20230116_11008622.shtml。

关于"联合国与全球经济治理"决议，将"共商共建共享"的理念纳入其中。[1]2019 年 11 月，第 22 次中国-东盟领导人会议发表了《中国-东盟关于"一带一路"倡议同〈东盟互联互通总体规划 2025〉对接合作的联合声明》，声明提出应秉持共商共建共享原则，坚持开放、绿色、廉洁理念等重要内容。[2]金砖五国外长则在 2021 年通过了《金砖国家关于加强和改革多边体系的联合声明》，声明强调，要通过共商共建共享，加强全球经济治理。[3]

最后，在具体推进方面，中国不仅提出了基本思想和主要原则，而且使之更加国际化、具体化和可操作化。其一，中国不断优化和提升现有的国际机制。自党的十八大以来，中国充分发挥主场外交带来的议程设置优势，积极推动国际规则和秩序不断改良完善。例如，二十国集团杭州峰会将"可持续发展"和推进联合国《2030 年可持续发展议程》列为会议重要议题。再如，中国国际进口博览会以市场开放为主旋律，向世界展现了中国坚定维护多边贸易体制、推动发展自由贸易的立场和行动。其二，中国积极推进伙伴关系。"全球伙伴关系网络"的构建不针对第三方，在基于共同利益的同时兼具高度灵活性。在这一理念的引领下，以"平等、和平、包容"为特征的伙伴网络实现了数量和质量、区位和形式上的全方位提升。新时代中国外交的重要成就之一便是与 110 多个国家和地区组织建立起不同形式的伙伴关系。[4]其三，中国郑重提出"全球发展倡议""全球安全倡议"和"全球文明倡议"。"全球发展倡议"以人民为中心，通过加强国际社会合作，推动发展问题重回全球治理议程的核心位置，是解决全球发展

[1] 联合国：《2017 年 9 月 11 日大会决议》，https://www.un.org/development/desa/financing/sites/www.un.org.development.desa.financing/files/2020-03/N1728224.pdf。

[2] 《中国-东盟关于"一带一路"倡议同〈东盟互联互通总体规划 2025〉对接合作的联合声明》，外交部，2019 年 11 月 4 日，https://www.mfa.gov.cn/gjhdq_676201/gjhdqzz_681964/lhg_682518/zywj_682530/201911/t20191104_9386088.shtml。

[3] 《金砖国家关于加强和改革多边体系的联合声明》，外交部，2021 年 6 月 1 日，https://www.mfa.gov.cn/web/wjbzhd/202106/t20210601_9137415.shtml。

[4] 王毅：《全面推进中国特色大国外交（认真学习宣传贯彻党的二十大精神）》，载《人民日报》2022 年 11 月 8 日。

不平衡和不平等问题的"中国答案"。"全球安全倡议"以共同、综合、合作、可持续的安全观为理念指引，在尊重各国主权、领土完整、不干涉他国内政的基础上，统筹维护传统领域和非传统领域的挑战，是应对当前国际安全矛盾频发的"中国方案"。"全球文明倡议"旨在促进不同文明之间相互尊重、平等对待，鼓励不同文明真诚对话、交流互鉴，进而建设和谐合作的国际大家庭，是推动人类社会相互包容、共同进步的"中国声音"。三大倡议兼具宏观的视野、长远的愿景，以及近中期的建议和计划，是具有很强可行性和可操作性的全球治理改革方案。其四，中国还大力弘扬人类共同价值，提倡全球共同文明。人类共同价值不仅蕴含着深刻的哲学思考，也是对人类社会发展中不同目标的价值凝聚。而推动构建新型国际关系，塑造人类文明的新形态，便是中国特色大国外交在弘扬人类共同价值的具体实践。中国一方面积极通过联合国、二十国集团峰会、东亚峰会等国际机制应对全球性挑战，另一方面主动搭建亚洲基础设施投资银行、金砖机制等多边平台，逐步为全球治理的优化完善注入动能。

（三）中国的国际磨合

世界已进入新的动荡变革期，中国推动现行国际体系变革和完善的过程必将充满碰撞、磨合乃至斗争。而如何应对全球性议题的多元分散、引领全球治理机制建设、处理合作与斗争间的辩证关系则是其中关键问题。

第一，有效应对层出不穷的议题挑战。21 世纪以来，国际关系中新问题、新现象不断出现，全球性议题的领域和数量也不断拓宽增长。除传统安全问题之外，经济、气候、卫生等非传统议题的重要性日益上升，深海、极地、外空和网络等新疆域开始成为国际治理的新焦点。新旧议题和领域交织联动以及日益多元化的行为体凸显了现行国际体系的短板，治理赤字有增无减。正因如此，中国参与全球治理的问题和领域不断拓展，向世界提供公共产品，维护各国共同利益，回应国际社会对中国的普遍期待。为化解俄乌困局，中国提出了《关于政治解决乌克兰危机的中国立场》，为重塑欧洲安全架构、实现持久和平贡献中国方案。[1]为解决全球发展中存在的不平等、不充分、不平衡的问题，中国积极参与并全面落实了二十国集团缓债倡议，其提供的缓债总额在所有成员国中居首。[2]此外，中国还主动建立"中国-联合国和平与发展基金"和"全球发展和南南合作基金"，已有超过160个国家的经济发展从中受益。[3]

第二，重点问题的多边主义合作。作为现行国际体系的重要基石之一，多边主义是国际社会应对全球性挑战的必然选择。然而，受"零和博弈"和"冷战思维"影响，美国试图通过推行集团政治、挑动阵营对抗来维护其世界霸权。这一系列不负责任的行为导致国际组织和多边机制面临"瘫痪失能"的危机。对于中国来说，践行多边主义的一个重要任务便是团结国际社会的广大主权国家和非国家行为体，共同支持以联合国为核心的国际体系，并把重心放在缓解、应对和解决俄乌冲突、经济复苏、气候变化、粮食能源危机等主要全球性问题之上。此外，在维护以联合国为核心的国际体系的同时，中国也应对其进行修正完善、改革创新，增加新兴市场和发展中国家的代表性和话语权。在区域和领域性的国际机制方面，需积极参与网络安全、公共卫生、气候变化、高新科技等领域的治理机制创新，为应对未来的新挑战和新问题做好充分准备。

第三，合作和斗争的对立统一。国际体系的发展与演变是个长期过程，涉及众多行为体和复杂的利益关系。需要特别指出的是，合作和斗争两者既相互依存，又相互渗透，是辩证统一的关系。其一，中国在对外交往中把合作列为首位。中国历来主张通过对话和协商等方式，超越分歧扩大共识，积极与其他国家合作，参与和引领国际组织和机制的建设和运作，进而推动构建更加公正合理的国际秩序。其二，在争取国际合作的同时应开

---

［1］《关于政治解决乌克兰危机的中国立场》，外交部，2023年2月24日，https://www.mfa.gov.cn/zyxw/202302/t20230224_11030707.shtml.

［2］王毅：《矢志民族复兴，胸怀人类命运 奋进中国特色大国外交新征程》，载《求是》2023年第1期，第25—32页。

［3］《王毅出席第七十七届联合国大会一般性辩论并发表演讲》，新华网，2022年9月25日，https://baijiahao.baidu.com/s?id=1744895582130432361&wfr=spider&for=pc。

展必要的斗争。面对少数国家的霸权主义和强权政治，中国坚守原则，敢于斗争、善于斗争，维护自身的主权、安全和发展利益。其三，中国在国际体系重塑的过程中，既要尽可能地扩大合作，又要坚持斗争，找到合作与斗争的平衡点，在新的历史条件下建设更加公正合理的国际体系和国际秩序。

四、结语

国际社会发生动荡时，麻烦制造者往往会趁机兴风作浪，如推行强权政治和维护霸权，又如破坏多边主义和推行单边主义等。但在变革问题上，以中国为代表的世界进步力量则应该也可能下先手棋和掌握主动。

放眼全球，广大发展中国家的经济规模日益壮大，热切期盼推动世界多极化和国际关系民主化，反对霸权主义、强权政治、冷战思维和阵营对抗，在国际事务中发挥着越来越重要的作用，代表了全球治理改革和国际秩序演变的潮流所向。当然，正如世界动荡变革历史所展现的那样，变革绝不可能一蹴而就，而是长期不断积累量变，才可能引发质变，甚至在变革发展的过程中，还会不时受到逆流冲击而出现暂时的曲折。

为此，国际社会的进步力量和上升力量应当更加清楚地认识动荡和变革的对立统一关系，在事关时代进步和人类命运的极其重大的问题上要增加共识、协调战略，特别要统筹好发展与安全的问题。发展是解决一切问题的总钥匙，无论是应对引发世界动荡的各类情况，抑或是积累世界变革所需的能量，根本上是将发展问题置于全球宏观战略和政策的核心位置。同时，国际社会需要本着安全不可分割原则，坚持共同、综合、合作、可持续的安全观，坚决反对和预防战争，支持一切有利于和平解决危机的努力。此外，所有主张和平发展的国家都需要把理想变为现实、把主张变为计划、把政策变为行动。在当前和今后非常长的历史时期里，主权国家依然是国际社会最基本和最重要的行为体，是最终落实国际倡导的第一平台，大国尤其要作出表率，承担大国责任，展现大国担当，推动构建和平共处、总体稳定、均衡发展的大国关系格局。

　　就学界而言，诸如国际关系、安全研究、世界经济、区域国别学等直接有关的专业人士，更应"心怀天下"，在亲身参与丰富的国际实践中，不断地提出和完善各种变革设想和规划。曾几何时，国际体系变革的设计权和规划权都掌握在欧美西方国家的政界和学界的手中，现在非西方的政界和学界应该协力同心，一起擘画出"大写意"的世界愿景图并将之描绘成"工笔画"的路线图。

下　编

理论建设

中国走向全球强国的外交理论准备
——阶段性使命和建构性重点*

中国正逐步从全球大国走向全球强国，但所面临的环境已显著区别于历史上崛起的各大国，相应的物质准备和理论准备要求都已有重大差异。在物质准备方面，随着世界一体化进程的深化，独立发展和独享发展已日益难以实现，共同发展和共享发展成为世界潮流。相应地，理论准备方面也提出对与共同发展、共享发展相匹配的中国外交理论需求。更为具体地说，中国迈向全球强国的外交理论准备既需要明确不同阶段的使命，也需要确立在各阶段理论建构的重点。从阶段性使命上看，这一外交理论准备由低至高包括和平共处、和平共生与和谐共生三个重要阶段。[1]自1949年以来的中国外交理论准备已完成第一阶段任务，逐步形成并发展了和平共处理论。[2]在中国从全球大国向全球强国持续迈进的当前阶段，中国外交理论正在通过内生成长、外生互动和共生建设等途径建构和平共生理论。与此同时，中国还应着眼下一阶段的使命，和其他全球强国及所有国家共

* 原文载《世界经济与政治》2013年第5期，第4—14页。

[1] 根据《辞海》，"共生"亦称为"互利共生"，是种间关系之一。泛指两种或两种以上生物生活在一起的相互关系。通常表现为一种生物生活于另一种生物的体内或体外相互有利的关系[参见夏征农、陈至立主编：《辞海（第六版彩图本）》，上海：上海辞书出版社2009年版，第700—731页]。近年来，"共生"被引入国际关系语汇，出现在中国政府文件（如《中国的和平发展》白皮书）和一些学者的论文中。本文从"内生"（产生于一国之内）、"外生"（产生于一国之外）和"共生"（国际社会共同建构的相互依存）等方面分析世界强国理论。

[2] 有关中国外交和平共处理论的探讨很多，但总体上并未将其当作中国迈向世界强国的外交理论准备的阶段性使命之一来加以分析。

同推进和谐共生理论，使全球关系在物质和精神上更上一层楼。从理论建构重点上看，中国外交理论在各个阶段都既需要夯实基础理论或指导性理论，也需要强化操作理论或行动性理论，从而保障中国迈向全球强国的外交理论的知行合一。

一、 内生和外生理论的互动互补

中国在完成迈向全球强国的外交理论准备的第一阶段使命后，目前正致力于实现理论建构的第二阶段使命，即实现中国迈向全球强国外交理论的和平共生。这一方面要求中国继续建设中国特色外交理论，或者说是中国外交的内生理论；另一方面也要求中国广泛汲取世界一切优秀文明成果，通过内生理论与外生理论的良性互动，达到升华和优化理论的目的，实现中国外交理论的和平共生，为第三阶段的和谐共生奠定坚实基础。

（一）内生理论的建构

中国虽然具有五千多年的文明史，但还没有真正成为过全球性强国。中国在进入近现代社会后，经济和政治长期停滞，甚至倒退，并在鸦片战争后被迫对外开放时深受西方列强的欺侮和压迫。时至今日，西方主导的国际关系和外交理论不仅仍然对中国充满着傲慢与偏见，还不时予以排斥和打击。因此，中国在走向全球强国的历史进程中，亟须基于中国的内政外交，特别是和平发展的主要实践和理论，建构内生的中国外交理论。

1. 中国的全球强国外交内生理论已具备基本条件。

中国人口世界第一，经济总量第二，国土面积第三，也是体育强国和文化大国。中国的改革开放与和平发展道路两大基本国策取得了举世公认的成就。中国综合国力持续高速增长，在当前国际事务中发挥着日益重要的作用，已经成为国际体系改革的倡导者和推动者。与此同时，中国特色社会主义理论日趋成熟，外交思想等思想理论宝库也更加丰富。中国的特色理论、发展道路和成功经验不仅使中国日益充满道路、理论和制度自信，而且成为许多国家发展的非西方选择和借鉴。

2. 中华民族优秀思想理论传统是中国全球强国外交理论的重要源泉。

中华民族在探索和分析历史发展轨迹时，很早就形成了文史哲互通的优秀文化传统。在传统中国文化中强国不仅指经济和军事实力，还指文化和道义力量。中国的先秦诸子是从整个中华民族发展的周期来看待国家兴亡的，提出过许多至今仍有启示意义的强国之道，他们普遍认为国家间秩序取决于国家间领导权的性质，即王道还是霸道。

孔子、孟子和荀子认为天下是一种道义权威，因此将道德修养和推行仁政视为王道，是王天下的基础，即"内圣外王"。荀子认为内圣是"尽伦者"，外王是"尽制者"。[1]老子认为王道是一种天下归心的威望，其基础是为民受难的道德精神，老子还以百川汇集入海为例，指出"江海所以能为百谷王者，以其善下之，故能为百谷王"。[2]韩非子则认为王道是靠军事力量和法制制度维持的，即"夫王者，能攻人者也"，"故法者，王之本也"。[3]对霸道着墨较多，且与王道有详细比较的是孟子和荀子。孟子认为王道靠道德力量维持，霸道依赖的是物质力量，即"以力假仁者霸，霸必有国；以德行仁者王，王不待大"。[4]荀子认为王道和霸道都需要实力及道义这两种力量来维持，只是道义对于维持王道的重要性超过实力，所谓"王者之人：饰动以礼义，听断以类"。[5]

3. 中国的全球强国外交理论建设因顺应历史潮流而具成功可能。

中国的全球强国外交理论不是谋求世界霸权，而是通过和平方式追求中华民族的伟大复兴。中国共产党第十八次全国代表大会全面阐述的小康目标再次印证了这点。中国在实践中长期坚持不称霸和不当头的原

---

[1]《荀子·解蔽》。
[2]《老子·六十六章》。
[3]《韩非子·五蠹》《韩非子·心度》。
[4]《孟子·公孙丑上》。
[5]《荀子·王制》。

则。2008年全球金融危机爆发后，中国在同世界多国同舟共济时还明确反对"两国集团"（即"中美共治"）。以习近平同志为核心的党中央已经多次重申中国不追求世界领导地位。由此可见，中国一贯坚持的理论和实践将保证中国继续沿着和平发展道路前进，并获得国际社会更多的认可和支持。

4. 中国的全球强国外交理论兼具原则性和务实性。

当理论与现实不符时，中国不是指责现实而是调整理论。"摸着石头过河"显示出中国在理论方面的探索性和务实性，中国理论建设的这一特点将长期延续下去。在今后几年及更长时期内，中国将从如何成为全球强国向如何当全球强国过渡，因而需要做相应的理论调整，例如扩大理论的利益观和价值观的基础，拓展理论适用的地域和领域，完善理论的系统和体系，增加理论的有效性等。

（二）内生理论与外生理论的和平共处

当今时代对内生和外生理论的互动提出了新的要求。在全球化时代，世界进入了相互依存的共生时代，中国和平发展需要在国际社会共生的大环境下才能得以实现。党的十八大提出国际关系要弘扬"平等互信、包容互鉴、合作共赢"的精神，这体现了和平发展的时代需要。改革开放以来，中国一直如饥似渴地学习世界各国有益的实践和理论，而且中国向国外学习的过程也是中国化的过程。国际关系本来就超出一国的范围，在全球化时代更需要集世界之智慧建全球性理论。因此，中国不仅需要建构和发展全球强国外交的内生理论，还应该认真吸取外生理论中的合理部分，实现内生理论和外生理论的和平共处，在合作与竞争中共同发展。

一方面，中国的全球强国外交理论需要在互动中了解外生理论。地理大发现和资本主义走向世界的五百年以来，资本主义、殖民主义与帝国主义国家的政界和学界频繁互动，在诸如世界总体的大理论和经济、政治、外交等关系的分理论方面形成了一整套的理论体系。

英国在伊丽莎白一世时期和克伦威尔时期的大陆均势理论政策，使其在维持同欧洲大陆关系时，得以发展庞大的海外殖民帝国。法国的拿破仑一世和拿破仑三世鼓吹和推行扩张主义。普鲁士首相俾斯麦的权力均衡思想比德皇威廉二世独霸世界和征服世界的理论更为高明，因为前者最大限度地为实力尚未完全强大的国家争取到最为有利的国际环境。俄国彼得大帝扩张主义的两位继承人——叶卡捷琳娜二世和亚历山大一世——都非常重视以"体系"和"秩序"推进俄国在欧洲及世界的地位。在20世纪初，美国政治家威尔逊总统和罗斯福总统都有其具有时代性的世界观、体系观和价值观。与此同时，在美国政界、商界和学界的共同努力下，国际关系逐步成为独立的学科，对全球精英阶层的影响一直延续至今。第二次世界大战后，欧洲联合自强的完成也是国际关系理论的重要来源。

中国与广大发展中国家的相似历史遭遇和共同历史任务为两者的理论互动提供了特殊的政治、经济和社会基础。广大发展中国家在殖民地和半殖民地时期寻求救亡图存、民族独立和国家建设的进程中，力图在内生理论和外生理论的结合中建立更加有效和更富时代性的理论。在第二次世界大战结束前后的亚非拉民族独立和民族解放的高潮中，印度尼西亚前总统苏加诺提出"潘查希拉"，即印尼独立的五项原则（民族主义、国际主义、民主、社会繁荣和信奉真主）；"加纳之父"克瓦米·恩克鲁玛推行泛非主义；阿根廷前总统胡安·多明戈·庇隆把他的理论概括为"政治主权、经济独立和社会正义"三大纲领性口号，即"庇隆主义"。长达百余年的中国民族解放斗争孕育了孙中山的"三民主义"和毛泽东思想，为中国和广大发展中国家提供了新的思想理论武器。

另一方面，中国的全球强国外交理论需要在互动中扬弃和升华。中国在近200年的理论探索中，提出过"中学为体、西学为用"等口号。从李鸿章到孙中山，主要试图从西方列强的理论中获取启迪和摹本。中国共产党在革命战争时期和执政的前30年里，在理论和实践方面既有成绩也有弯路。1978年实行改革开放后，中国的理论和实践才更加成熟和有效。

理论的互动是中外各种思想、理念和观念的比较和碰撞，是超越有形物质互动的无形精神互动，因而是更加深刻和全面的互动。中国内生理论只有在与外生理论密切的互动中，才能做到取长补短、共同进步。各种强国理论都有它的客观性和科学性，但又不可避免地存在局限性。在今后的理论互补性问题上，中国负有双重责任。一方面中国需要继续汲取外部世界的一切优秀和进步理论；另一方面中国还需要介绍自己理论对外部世界的作用和启示。正如中国以自身实力在过去 30 多年的商品互补中赢得了世界市场中的一席之地，中国的理论"走出去"也需要更具主动性和进取性。只有获得国际社会更多的理解和认可，中国的和平发展与"国强不霸"的理论才能贡献于外部世界。

二、 共生理论的创新

中国全球强国外交理论第三阶段的任务是实现从和平共生向和谐共生的提升。国际共生并非始于今日，但当前的全球化却使国际共生更加迫切和可能，"任何国家的'自我实现'所能达到的程度、所能上升的高度，除了自身内部条件和努力，不仅离不开其他国家'自我实现'的成果，而且只能在其他国家'自我实现'的过程中才能实现"。[1]中国在和其他新兴大国群体性崛起的进程中，既需要团结起来共同努力，也需要与其余国家一道，共同推动共生理论的创新。

（一）坚持理论基石和夯实共生基础

迄今为止的全球强国理论都是源于一国的和排他的，欧洲列强和英美霸权理论更是具有以大欺小和以强凌弱的特点。但是在全球化和多极化时代，物质方面的共同发展和共享发展的需求使世界上第一次有可能建构强国共生的现实和理论。中国的和谐世界、和平发展与新型大国关系等理念

---

[1] 金应忠：《共生性国际社会与中国的和平发展》，载《国际观察》2012 年第 4 期，第 44 页；金应忠：《为什么要研究"国际社会共生性"——兼议和平发展时代国际关系理论》，载《国际展望》2011 年第 5 期，第 1—17 页。

就是中国的实践努力和理论探索。推进政治多极化、经济全球化、文化多样化和信息社会化，就是增加国际社会共生共赢的基础。我们所处的世界首先是物质的，因此加强国际经济、贸易、金融、安全和社会的合作是第一位的工作。但是，国际社会还需要从超越物质的角度来深化认识世界的物质关系，用共同制度来规范相互的利益和权益，用共同理想来争取更多和更大的共生共赢。此外，我们在重视物质财富的同时，还需要建设精神财富，加大对理论建设的投入力度。争取国家利益和人类共同利益的双赢是中国全球强国理论的基石，加强中国和国际社会人类共同体的建设则是国际共生社会的努力方向。只有在此战略高度和长远角度之下，国际社会的共生基础才能得以建立和夯实。

（二）共同建构共生理论体系

尽管世界强国共生理论的建设时间紧、任务重，但国际社会的相关理论建设不能是碎片化的，更不能是权宜性的。理论体系的建设需要全面规划和缜密思考。首先要深刻理解时代背景和要求。当前世界正处于从国际关系向全球关系过渡的十字路口，如果人类社会能够把握历史机遇，或许就能在人类文明史上第一次通过和平方式实现全球强国共生共赢的伟大理想。反之，人类社会就会丧失机遇，仍将长期摸索。其次要准确界定主要内涵和条件。全球强国共生理论涉及的地域和领域难以计数，但其主要内涵则应聚焦于"平等互信、包容互鉴、合作共赢"等核心理念。在条件方面，不仅要反应性地描述，更要创造性地塑造，根据变化而不断创造更多的有利条件。再次要探索基本规律和逻辑。在以欧美国家为主导的过去五百年的世界近现代史中，力量的剧变往往会引起政治经济板块的挤压和变形，新兴大国和守成大国在军事摊牌中决一雌雄。[1]这些规律和逻辑是否

---

[1] 有关大国霸权竞争乃至战争的讨论，可参见［美］保罗·肯尼迪：《大国的兴衰——1500—2000年的经济变迁与军事冲突》，王保存等译，北京：求实出版社1988年版；秦亚青：《霸权体系与国际冲突》，上海：上海人民出版社1999年版；周丕启：《霸权稳定论：批判与修正》，载《太平洋学报》2005年第1期，第13—23页。

会在新时期内重复，在很大程度上取决于国际社会对时代和形势的判断和反应。最后是反复实践检验和引证。实践是检验真理的唯一标准。中国的全球强国外交理论正确与否，必须在实践中检验。为此，首先应将中国的理念转化为实践，并在日益积累的实践中上升为理论。中国还要努力推动其他行为体共同践行全球强国共生理论，并在实践中修正和调整，使其更趋成熟和完善。

（三）有效应对各种理论和实践挑战

尽管我们正在努力为共生共赢的理想而奋斗，但世界毕竟充满种种竞争、博弈和冲突，需要我们客观认识和有效应对。当前，我们面临日益严峻的全球性问题和相关全球性治理机制缺失的实践和理论挑战。在现实挑战方面，中国应当与国际社会共同应对日益严重的环境保护、气候变化、人口问题、能源和战略资源安全、粮食安全、水安全等问题，向世界提供有关的物质和理论公共产品。在未来挑战方面，中国还要和国际社会共同增加国际社会对中国全球强国理论的逻辑和推理的共识，规划世界的未来走向，在诸如国际体系建设、新兴大国和守成大国关系、社会管理、文化多样性等方面做出贡献。而把应对现实挑战和未来挑战统筹结合，更是对全球强国共生理论和实践的更高层次的挑战，这需要中国从现在起就更加有效地应对。

（四）增加共生理论的中国元素

中国的崛起史无前例，势必极大地影响国际力量对比、国际体系和国际趋势等。中国不仅拥有巨大的物质力量，还拥有巨大的思想和文化影响力。首先，全球强国共生理论需要在全球范围内的物质和精神基础上发展，中国是不可或缺的，应有重要的一席之地。其次，在近现代史中，西方的理论和话语霸权是一种历史的不公，现在到了予以纠正之时。中国是东方的重要组成部分，而且是与时俱进的部分。正如新兴市场国家为世界经济增添活力一样，中国等新兴大国也正在为世界理论注入新的内涵。最后，中国是迄今最为成功的发展中大国，其理论日益拥有世界意义，国际社会也在期待更多的"北京共识""中国道路"和"中国模式"问世。[1]

三、 指导性和行动性理论的建构

中国的全球强国外交理论三个阶段性使命的共同之处在于，它们都必须同时关注指导性理论和行动性理论两方面的理论要素，不能偏废。否则理论脱离实际的局面必将出现，或者是理论超前但不具可操作性，或者是理论落后于实践而陷入"理论的贫困"。

（一）指导性理论

就全球强国理论准备而言，指导性理论系走向全球强国的基本理论，如从普鲁士时代到冷战后的德国均势理论、英国在维护欧洲均势下的海外殖民扩张、美国建国后百余年的"孤立主义"理论等。中国自改革开放后，则坚持走和平发展道路，坚持中国特色社会主义理论。

1. 一般意义。

全球强国指导性理论包括三个方面。

一是总体目标。近现代以来，追求成为全球强国的大多数国家的目标是称霸世界，因此它们只能是以邻为壑，踩在别人身上前进。荷兰、英国、法国、西班牙、葡萄牙、美国、德国、日本等都是这样。但是，第二次世界大战结束以来，也有新的变化。国际社会中希望以扩大总体利益增加个体利益的思想和战略日益增多，进而希望以共同规制达到和平共生的目的。2008 年全球金融危机后，国际社会的共同磋商和相互协调明显增加，从而避免了 20 世纪 30 年代"大萧条"的重演。

二是基本内涵。目标不同导致基本内涵的不同。欧美国家追求全球强

---

[1] 中国不仅需要为世界提供物质性公共产品，更需要提供战略性、安全性和思想性公共产品。参见张春：《试论中国特色外交理论建构的三大使命》，载《国际展望》2012 年第 2 期，第 10—11 页。

国的理论万变不离其宗，不外乎优等民族（上帝选民）、生存空间和意识形态（政治制度）等。[1]但是中国的理论则是和平发展理论，强调合作共赢。

三是理论推广。虽然目标和内涵相异，但各国推广理论的方式和手段则大致相似。欧美国家在追求全球强国的进程中都很重视理论宣传，在公共舆论、学校教育、会议交流、民间来往等平台上使其理论成为本国主导理论和国际指导理论。

2. 特殊意义。

根据《中华人民共和国宪法》和《中国共产党章程》，马克思列宁主义、毛泽东思想、邓小平理论、"三个代表"重要思想和科学发展观是中国一切工作的指导性理论，中国的全球强国外交理论自不例外。但是，中国走向全球强国是个实践和理论的新命题，因此，中国化的马克思主义——中国特色社会主义理论是其最重要和最直接的指导性理论。

党的十八大提出要"高举和平、发展、合作、共赢的旗帜"，把先前在经济上的互利共赢提升到在全球传统和非传统事务的全面合作共赢，进一步凸显了全球性和地球村的特点。中国的这一高目标也是对中国自身的挑战，中国的全球强国外交理论需要超越自身利益，进而以更广阔的胸怀和更长远的视野来看待自己和看待世界，并且要在理论和实践上解决如何实现这一目标的途径和方法，从而达到各方共赢的目的。

（二）行动性理论

顾名思义，行动性理论的意义在于它的应用性或操作性，根据时间长度可分为远期（10年以上）、中期（5—10年）、近期（5年以内）三种理论。

1. 远期行动目标理论。

远期行动性理论兼有指导性和行动性的特点，但重点在于战略布局和贯彻落实之上。近现代国际关系史中不乏这样的例子。日本的"雁行理论"

---

[1] 赵稀方：《后殖民理论》北京：北京大学出版社2009年版，第14—15页。

可以追溯到第二次世界大战之前。在第二次世界大战结束之时，法国政治家罗伯特·舒曼和政治经济学家让·莫内就开创了捐弃前嫌和联合自强的"欧洲一体化"理论。中国实现中华民族复兴的"三步走"战略和20年战略机遇期等也属此列。当代世界事务和各国内政外交需要远期理论和战略的指导，但由于当今世界各国政府大多以两任为期，只有少数具有战略眼光的理论家和政治家，才会努力建构指导10年以上政治纲领的行动理论。这不能不说是当今国际政治和国际关系理论的一大缺憾。

2. 中期行动部署理论。

如上所述，当代大多数国家的政府受任期的限制，一般只能做出5—10年的行动部署，因此很难有周密的理论，即使有理论，其重点也在于"早期收获"之上。当然，也有例外，例如，20世纪70—80年代，联邦德国对民主德国"通过接触改变"的理论；20世纪80年代，美国总统里根和英国首相撒切尔夫人以保守主义理念执政；20世纪90年代到21世纪初期，美国总统克林顿和英国首相布莱尔提出"第三条道路"的执政理念。

3. 近期行动实施理论。

大国在追求全球强国地位时的近期行动实施理论重点在于其谋略性和应对性，如克林顿政府的对华"接触"理论、印度政府的"东向"政策等。尽管近期行动实施理论的重点在于应对，但它比"有政策、无理论"更具计划性和系统性，因为政策被赋予理论后得以更具稳定性和可复制性。

四、当前的阶段性任务

"千里之行始于足下。"理论建设任重道远，中国需要在总体和长期理论发展方向的指引下，制定出当前切实可行的阶段性（2013—2022年）目标。

（一）提高举国的理论认同度

全球强国的外交理论是中国特色外交理论的重要组成部分，需要得到举国一致的理解和认同。首先要有正确和适用的理论——这是中国政界和学界的重要历史使命，努力使理论系统化和科学化。其次，理论建设不应局限于理论学术界，当前要抓好两方面的教育。一方面，需要提高党政军各级领导的理论和认识水平。毋庸讳言，中国在以经济建设为中心的30多年时间里，各级领导对国际关系和外交的理解具有单一和实用的倾向。在很多情况下，领导和群众的理论与信息处于同一水平，难以发挥领导和引导作用。现在亟须补课，加强干部的国际关系和外交理论教育。另一方面，当前国际关系的一大特点是民众的广泛参与，但因缺少理论指导和引导，狭隘的民族主义和民粹主义日益抬头。因此，需要加强广大人民群众的国际关系和外交理论的教育普及工作。

（二）重新定位理论中的价值观和意识形态因素

在革命与战争理论向和平与发展理论转换的历史进程中，中国需要重新认识和界定价值观、意识形态与文化在理论建设中的地位和作用。中国在改革开放的一段时间里，对于诸如市场经济等问题采取理论上不争论但实践上加强探索的态度，这是在中国特殊国情下的特殊办法，但不应长期固定化。中国在从全球大国走向全球强国的征途中，无法长期绕开理论争论和竞争问题。因此，我们应从现在起就做好和做足功课，使国际社会从理论上接受中国成为全球强国。应当说，这一工作已经有了良好的开端。中国在理论建设中，往往会根据形势的发展而提出相应的原则、精神和理念，如和平共处五项原则、"亚洲精神"、和谐世界理念等。中国所倡导的原则、精神和理念其实就是其价值观和意识形态的反映，问题在于要梳理好它们之间的逻辑关系，使之逐步成为理论体系中的有机组成部分。

（三）充分发挥日益强大的综合实力和制度优势

当前，就中国的全球强国理论准备而言，存在"三个失衡"：一是中国在实际部门和理论部门综合统筹方面存在制度失衡；二是对自然科学和社会科学重要性的认识上存在失衡；三是在社会科学内部存在"国内理论"

和"国际理论"、应用理论和基础理论等的失衡。而且在全球强国理论研究的有限经费中，还存在分配和使用不当的问题。由此可见，落实中国"五大优势"[1]的发挥可谓任重道远。

五、结语

中国成为真正的全球强国不仅需要强大的物质基础，还需要坚实的理论基础，两者的任务都很艰巨，但理论建设的难度更大。在未来数十年的理论发展历程中，中国需要逐步完成以下四项任务。

第一，中国的全球强国共生理论需要在更大的理论框架中予以完善。中国的全球强国共生理论孕育和问世于内外两个大局互动的实践，成长和发展于内生和外生理论的互动碰撞。因此全球强国的共生理论需要远远超越狭义外交理论，在更大的实践和理论探索中予以建构和发展，需要在中国特色社会主义理论体系的总框架下，建设好全球强国共生理论这一分支体系。

第二，中国的全球强国外交理论需要超越线性思维轨迹。中国的和平共处、和谐世界、新型大国关系等理念和理论大多正向阐述，缺少逆向思维，容易导致主观愿望与客观实际不符、指导性理论和战略思维脱节、行动性理论和现实政策异步等问题。这些都需要中国在今后的发展中予以很好的解决。

第三，中国建构全球强国共生理论需要增强理论自觉和自信。再好的理论如果孤芳自赏或束之高阁，也难以在全球范围内传播和认同，这样就起不到理论指导作用。中国正在试图走出一条和平发展的强国之路，这具有历史创新的时代意义，因而需要有敢为天下先的创新精神，建构、传播和引领新理论。

---

[1] 习近平 2012 年 6 月 28 日在全国创先争优表彰大会上指出，中国共产党在 91 年的奋斗中形成了自己的理论优势、政治优势、组织优势、制度优势和密切联系群众的优势。参见《全国创先争优表彰大会召开》，载《人民日报》2012 年 6 月 30 日。

第四，中国建构全球强国共生理论需要有与之相适应的优秀思想家和理论家。中国国家领导人已经在这方面做出了表率和贡献，但我们还需要更多的政治思想家、战略家、外交家、国际问题专家、经济学家、法学家、社会学家等共同的努力，并在此基础上造就一批国际超一流的专家学者，使之成为共生全球强国的引领者。

中国大国外交理论的国家特色和国际交汇*

大国是国际体系中最主要的行为体，大国外交是当代国际关系最重要的组成部分。在中国外交战略格局中，大国是关键。党的十八大以后，中国特色大国外交提上议事日程，习近平在 2014 年年底召开的中央外事工作会议上指出，中国必须有自己特色的大国外交。[1]本文在分析中国大国外交实践基础上，总结其外交理论的国家特色，强调增强理论自觉和自信，在比较互动中推进国际交汇，与国际社会共同构建顺应时代发展潮流的大国外交理论。

一、大国外交实践的国家特色

自古以来，大国在世界舞台上纵横捭阖，展开了千姿百态的大国外交，演出了一幕幕大国兴衰更替的历史剧。当前，大国的内涵和外延都在发生重大变化，它们的外交也具有许多新的时代特点。

（一）当代大国外交的时代背景和实践特点

实践是理论的基础，也是检验理论的最根本标准。建构和发展中国特色大国外交理论必须始于、基于和服务于实践。

---

* 原文载《国际展望》2016 年第 1 期，第 1—16 页。
[1]《习近平出席中央外事工作会议并发表重要讲话》，载《人民日报》2014 年 10 月 30 日。

第一，当代大国的时代背景和界定。大国是人口疆土、自然禀赋、软硬实力和国际影响等因素的综合体现。不同的时代会产生各具特点的大国外交实践。在前资本主义时代，在当时有限的生产、交通、通信和管理条件下，大国外交的地域性相当突出，中华帝国和罗马帝国分别称雄于欧亚大陆的两端。在资本主义时代，葡萄牙、西班牙、荷兰、英国和法国等殖民帝国跨洲越洋，成为真正意义上的全球大国。第二次世界大战以后，美国成为不以领土占有而实际主导世界的超级大国，苏联则控制了苏东地区的"社会主义大家庭"达 40 余年。进入 21 世纪后，中国和印度等发展中大国的群体性崛起展现了非西方大国外交的新潮流和新特点。

在当前全球化、多极化和地区化的推动下，大国的内涵和外延相对扩大。世界各国政界和学界对"大国"的界定并不完全一致，本文因重点分析中国的大国外交，故以中国官方界定的"大国"为讨论基础。中国官方认为，当代大国包括美国、欧洲大国、俄罗斯、发展中大国和地区大国等。[1]据此，当代大国大致可分为以下四类国家：一是霸权大国（美国），二是传统大国（德国、法国、英国等欧洲大国和日本），三是金砖国家（中国、俄罗斯、印度、巴西和南非），四是地区大国（主要指参加二十国集团的意大利、加拿大、澳大利亚、阿根廷、印度尼西亚、墨西哥、沙特阿拉伯、土耳其和韩国）。

第二，各类大国的外交实践。美国作为守成的霸权大国，信奉"美国天命论"和"美国例外论"，借助军事、金融和科技实力，对外推行霸权外交和施压外交。此外，处于国际力量格局转型敏感期的美国，更是时时事事向世界提醒美国的领导权和主导权。奥巴马总统强调，美国在未来一百年要继续"领导世界"。[2]约瑟夫·奈认为，至少在 21 世纪上半叶，美国在实力、资源方面仍将居于主导地位，并继续在全球均势中发挥核心

---

[1]　参见杨洁篪：《新形势下中国外交理论和实践创新》，载《求是》2013 年第 16 期，第 7—10 页。

[2]　《奥巴马在西点军校 2014 年毕业典礼上的演讲》，中国日报网，2014 年 5 月 28 日，http://language.chinadaily.com.cn/news/2014-05/30/content_17555058.htm。

作用。[1]

作为传统大国的德国、法国、英国、日本等国，虽已沦为"二流大国"，但仍带有昔日西方外交的痕迹，仍念念不忘传统势力范围和现实影响力。在全球层面上，它们依靠美国而发挥西方大国的政治、军事和经济作用。在地区层面上，德国、法国、英国在欧洲及传统势力范围内发挥重要作用，法国更是时常在法语非洲国家进行武力干预。日本是亚太地区的重要国家，其影响力也向南亚、中亚、中东和非洲等地延伸。

金砖国家基本上是发展中大国（俄罗斯被称为"转型国家"），具有当代大国和发展中国家的双重特点。一方面，金砖国家代表广大发展中国家，要求增加在国际体系和国际秩序方面的规制权和话语权；推动二十国集团、世界银行和国际货币基金组织的改革，并已创立了金砖国家新开发银行。另一方面，金砖国家的实力和影响有限。当前，在经济普遍下滑的背景下，其相当一部分政治、经济和安全目标仍属于原则诉求而得不到落实。此外，金砖国家作为发展中大国群体，还需要妥善处理同其他发展中国家的关系，从而成为广大发展中国家名副其实的代表。

地区大国（regional power）也被称为"中等大国"（middle power）。作为一个群体，它们在全球和地区事务中的作用正在增加。二十国集团中的地区大国，代表着政治和经济多极化的新发展，是国际经济体系和秩序改革的推动者，但它们分属不同政治和经济类别，其作用大多限于次区域和特定领域。

（二）中国的大国外交实践

自 2008 年全球金融危机以来，中国越来越接近世界舞台的中心，其大国外交正在形成中国特色、中国风格、中国气派。

第一，主动营造和平发展内外环境的特色。在长达数千年的历史进程

---

[1]《美国霸权还是美国主导？》，和讯新闻网，2015 年 4 月 30 日，http://news.hexun.com/2015-04-30/175444065.html。

中，中国在对外关系中始终强调和谐共处的外交思想。习近平指出："和平发展思想是中华文化的内在基因，讲信修睦、协和万邦是中国周边外交的基本内涵。"[1]中国外交坚持和平发展道路是一贯的，但在多个阶段又各有特色。中国过去以利用和平环境发展自己为主，现在更加强调和践行主动塑造和平发展的内外环境。同西方大国强调强权政治和军事结盟相比，中国更加强调安全和发展的互动关系，调动已积累的政治影响和经济实力维护和平与促进发展，形成了中国大国外交的鲜明特色。

第二，平等待人与平衡周全的风格。中国在一穷二白时主张大小国家一律平等，在批判超级大国的霸权主义时反对以强凌弱，这些都比较容易理解，因为中国有这种需要。但是，中国在稳居世界第二大经济体且综合国力日益上升的新形势下，能够坚持且创造性地展示平等待人的外交风格，即在更加广泛的地域和领域中推进公平、正义、平等外交。习近平在 2013 年 3 月就任中华人民共和国主席后，就把非洲列为首轮出访地区。他在多边主场外交中注意中小国家的合理诉求，在多边客场外交中与广大发展中国家协同合作，实实在在地提升了发展中国家在当今全球外交中的地位和作用。此外，中国的思想理念和政治体制又使其在外交上强调政治解决和照顾各方利益。"同各方面都讲得上话"，使中国在伊朗核问题、朝鲜核问题和叙利亚问题的劝和促谈中独树一帜，并同西方大国急功近利和单方施压恰成鲜明对照。

第三，充满自信与敢于担当的恢宏气派。中国通过积极参与全球和地区重大事务，向世界展示了建设性作用。中国在促进全球治理和国际体系建设中发挥了重要作用，与国际社会在共同应对气候变化、防止大规模杀伤性武器扩散、应对埃博拉疫情等全球性问题上取得了重大阶段性成果。而且，中国通过实实在在的贡献提升了全球和地区合作。中国出台了一系列政策举措，倡导建立金砖国家新开发银行和亚洲基础设施投资银行（亚投行），提供更多国际公共产品，获得了国际社会，特别是广大发展中国家

---

[1] 习近平：《深化合作伙伴关系　共建亚洲美好家园——在新加坡国立大学的演讲》，外交部网站，2015 年 11 月 7 日，http://www.fmprc.gov.cn/web/ziliao_674904/zt_674979/dnzt_674981/xzxzt/xjpdynxjpjxfw_684502/zxxx_684504/t1312922.shtml。

的好评。此外，中国还通过特大型外事活动向世界展示国家的实力和能力，
2014 年 5 月在上海举行的亚洲相互协作与信任措施会议（CICA）峰会、
2014 年 11 月在北京举行的亚太经济合作组织（APEC）峰会以及筹备 2016
年二十国集团杭州峰会等，均充分展现了中国外交的自信和担当。

二、 大国外交理论的国家特色

中国集世界文明大国、社会主义大国和发展中大国三位于一体，其大
国外交的理论渊源是中国的优秀思想文化传统、马克思主义和优秀的国际
外交思想理论，这代表了历史的继承、当代的创新和发展的方向。

（一）创造性传承中国的优秀思想文化传统

中国优秀的思想文化传统是一个巨大的宝库，就大国外交理论而言，
其主要表现在大同理想、整体思维、文韬武略和包容共存等四个方面。

第一，大同理想。中国先秦思想家的大同理想涵盖了儒、法、墨、道、
杂诸家的社会思想。孔子的"天下为公"、韩非子的"均贫富"和墨子的
"兼爱"等思想是中华文化的重要组成部分，这些思想精华理所当然地成为
当代中国外交公平正义指导思想的重要渊源。到近现代，孙中山留下了
"联合世界上以平等待我之民族"的遗训。毛泽东和邓小平在中国还未强大
时就作过"不称霸"的承诺，江泽民强调"国际关系民主化"，胡锦涛倡导
"和谐世界"，习近平推出"人类命运共同体"，所有这些思想都体现了中国
历届领导集体在国际关系总目标上的一脉相承和与时俱进。

第二，整体思维。中国传统哲学倡导"整体思维"，历来强调要全面、
综合和平衡地看问题。苏长和教授指出："中国传统思维有很强的合解而不
是分解的特点，擅长从整体、辩证、统一角度认识世界。"[1]在当代，中国

---

[1] 苏长和：《"四个全面"战略布局和大国外交新格局》，载《毛泽东邓小平理论研究》2015
年第 6 期，第 27 页。

的整体思维不仅超越了西方选举驱动的政党政治的局部和短期利益观，而且具有人类社会应对全球性挑战的整体合力。中国外交在筹划国际体系、全球治理、大国外交、周边以及发展中国家关系时，十分重视它们之间的内在逻辑关系。例如，习近平 2013 年 3 月访问俄罗斯后，促成了中美元首庄园会晤提早到当年 6 月举行，习近平 2015 年 9 月对美的国事访问也对他后来访英有积极意义。又如，中国倡导建立的亚投行等金融机构也对美国国会最终接受国际货币基金组织改革方案起到有力的促进作用。

第三，文韬武略。中国外交向来力主和平，但作为主权国家，还需要居安思危和抵御外敌入侵。一方面，中国把孔子的"和为贵""己所不欲，勿施于人"[1]视作对外关系的指导思想。另一方面，国家还需具备保家卫国的实力。先秦时期的军事著作《司马法》就曾指出："国虽大，好战必亡；天下虽安，忘战必危。"韩非子认为："力多则人朝，力寡则朝于人，故明君务力。"[2]中国在坚持和平发展和坚决捍卫国家核心利益时，发扬和光大了中国优秀的传统哲学思想。习近平在十八届中央政治局第三次集体学习时强调："中国走和平发展道路，其他国家也都要走和平发展道路，只有各国都走和平发展道路，各国才能共同发展，国与国才能和平相处。"[3]这是近些年来中国最高领导人首次公开强调各国和平发展的关联互动。习近平的这一思想也得到了基辛格的呼应，后者指出："（习近平等）中国领导人不希望对外冒险，但正是因为他们感到只能通过强调国家利益来解释改革必然带来的调整，所以他们可能会比过去的领导人更加坚定地抵抗他们眼中对中国核心利益的侵犯。"[4]习近平执政 3 年来的外交实践表明，中国在国际风云变幻时坚持和平理念与和平外交，支持联合国在维护世界和平中的核心和权威作用，推进重大热点问题的和平解决。但在关系到国家

[1]《论语·学而》《论语·卫灵公》。
[2]《韩非子·显学》。
[3]《更好统筹国内国际两个大局　夯实走和平发展道路的基础》，载《人民日报》2013 年 1 月 30 日。
[4][美] 亨利·基辛格：《世界秩序》，胡利平等译，北京：中信出版集团 2015 年版，第 300 页。

核心利益问题上，中国坚持原则，动用一切资源维护和保卫国家的主权和领土完整，在东海和南海问题上的坚定立场更是令世界刮目相看。

第四，包容共存。中国传统文化历来强调包容共存。相传完成于商周之交的《周易》中就有"君子以厚德载物"（雅量容人）之说。[1]西周末年的史伯已经认识到"和实生物，同则不继"。[2]二百余年之后的老子和孔子更进一步指出"君子和而不同，小人同而不和"[3]"大邦者下流""大者宜为下"[4]。习近平主张构建以合作共赢为核心的新型国际关系，他强调："志同道合，是伙伴。求同存异，也是伙伴。……应该变赢者通吃为各方共赢。"[5]在当代中国外交中，中国主张和践行和平共处五项原则，推进各种伙伴关系，强调在国际问题上求同存异和求同化异。中美两国在存在众多重大分歧时，仍确认了新型大国关系的原则，共同促成了联合国《2030年可持续发展议程》和《巴黎协定》。中国在推动"一带一路"倡议时，主动对接俄罗斯的"欧亚经济联盟"、哈萨克斯坦的"光明之路"、蒙古的"草原之路"和英国的"北方经济引擎"等，所有这些都充分体现了中国外交的包容共存和合作共赢理念。

（二）传承马克思主义的世界观和基本立场、方法

历史唯物主义和辩证唯物主义是中国特色大国外交的基本立场和方法。习近平强调："马克思主义哲学深刻揭示了客观世界特别是人类社会发展的一般规律，在当今时代依然有着强大生命力，依然是指导我们共产党人前进的强大思想武器。"[6]就当前中国的大国外交理论建设而言，要在历史唯

---

[1]《周易·坤卦》。
[2]《国语·郑语》。
[3]《论语·子路》。
[4]《道德经》。王弼的注为："江海居大而处下，则百川流之；大国居大而处下，别天下流之。"
[5] 习近平：《谋求持久发展　共筑亚太梦想——在亚太经合组织工商领导人峰会开幕式上的演讲》，新华网，2014年11月9日，http://news.xinhuanet.com/politics/2014-11/09/c_1113174791.htm。
[6]《习近平：推动全党学习和掌握历史唯物主义》，新华网，2013年12月4日，http://news.xinhuanet.com/politics/2013-12/04/c_118421164.htm。

物主义指导下聚焦于分析规律、把握规律和运用规律，要在辩证唯物主义指导下"既要讲两点论，又要讲重点论"。[1]中国大国外交把分析客观形势和内外条件、正确处理存在和意识关系、加强顶层设计和问题导向等提升到理论建设的高度，不断有所突破和有所前进。两点论和重点论的统一更是体现了以习近平同志为核心的党中央的鲜明特点，即在内政外交上不仅坚持对立统一的辩证法，而且突出阶段性重点和目标，极大地提高了历史唯物主义和辩证唯物主义对实践的指导意义。[2]

(三) 优秀的国际外交理论思想

中国在对外交往中，十分重视其他国家的外交理论思想。在继往开来的今天，中国领导集体在借鉴古今中外的外交理论思想上又有新发展。习近平等中国领导人除同各国领导人交流互动外，还特别重视同国际外交界元老交流和切磋国际战略思想，体现了他们尊重历史和兼容并蓄的风范。在这些元老中，既有当年反帝反殖的领袖，也有西方的战略家。习近平在2014年7月22日探望古巴革命领袖菲德尔·卡斯特罗时，说卡斯特罗是"古巴革命和建设事业的缔造者"。[3]习近平在2014年8月25日会见津巴布韦总统穆加贝时指出："中津传统友谊是在我们并肩反帝反殖反霸的光辉岁月中凝结而成的，体现出两国共同遵循的独立自主、相互尊重、反对外来干涉等对外关系的基本原则。"[4]习近平多次会见基辛格，并称赞"基辛格博士总能说出一些新颖的观点"。[5]习近平分别在2013年5月和2014年3月访问德国时拜访会见施密特。施密特于2015年11月10日逝世后，习

---

[1] 《习近平在中共中央政治局第二十次集体学习时强调　坚持运用辩证唯物主义世界观方法论　提高解决我国改革发展基本问题本领》，新华网，2015年1月24日，http://news.xinhuanet.com/politics/2015-01/24/c_127416715.htm。

[2] 《习近平出席中央外事工作会议并发表重要讲话》，载《人民日报》2014年10月30日。

[3] 《习近平探望古巴革命领袖菲尔德·卡斯特罗》，载《人民日报》2014年7月24日。

[4] 《习近平同津巴布韦总统穆加贝举行会谈》，载《人民日报》2014年8月26日。

[5] 《习近平在华盛顿州当地政府和美国友好团体联合欢迎宴会上的演讲》，外交部网站，2015年9月22日，http://www.fmprc.gov.cn/web/ziliao_674904/zt_674979/dnzt_674981/xzxzt/xpjdmgjxgsfw_684149/zxxx_684151/t1299508.shtml。

近平和李克强都向德国领导人发去唁电，沉痛悼念这位伟大的政治家和思想家。习近平在党的十七大上被选为中央政治局委员后，多次会见李光耀，认为"李光耀是我们尊敬的长者"，"我对他满怀敬重之情"，"是广受国际社会尊重的战略家和政治家"。[1]李光耀于 2015 年 3 月 23 日去世后，李克强总理在唁电中指出，"李光耀先生是世界公认的战略家和政治家"，"为本地区的和平与发展作出了重要贡献"。[2]

（四）总结当代、前瞻未来的大国外交理论

和平发展时代需要新的大国外交理论，当前中国特色大国外交理论建设主要集中在理论目标、理论创新和理论体系等三个方面。

第一，理论目标。马克思曾指出："哲学家们只是用不同的方式解释世界，而问题在于改变世界。"[3]同理，建设中国特色大国外交理论的目的不仅是要讲清楚当代世界并总结其发展规律，而且要运用规律去改变世界。这个世界首先是指中国本身。中国的理论要更加符合中国外交的需求，成为国家现代化的指导。与此同时，中国的理论还要用于改变外部世界。但这种改变只能通过思想理论交流、具体合作磨合以及必要的斗争逐步推进。以应对全球气候变化为例，从 1992 年的《联合国气候变化框架公约》到 1997 年的《京都协定书》，从 2009 年功亏一篑的《哥本哈根协议》到 2015 年水到渠成的《巴黎协定》，中国逐步发展了气候变化的理论和实践，在改变自身的同时，也在改变着世界。

第二，理论创新。中国特色大国外交理论在以下有关国际关系和外交的四大问题上都有新的建树和创新。一是在世界发展愿景方面，倡导"人类命运共同体"。习近平在重大公开场合已经数十次提及和阐述"人类命运

［1］《学习小组：习近平与李光耀如何相互欣赏》，人民网，2015 年 3 月 24 日，http://world.people.com.cn/n/2015/0324/c1002-26740381.html。
［2］《李克强就李光耀逝世向新加坡总理李显龙致唁电》，中国新闻网，2015 年 3 月 23 日，http://www.chinanews.com/gn/2015/03-23/7149690.shtml。
［3］马克思：《关于费尔巴哈的提纲》，载《马克思恩格斯选集》（第 1 卷），北京：人民出版社 1995 年版，第 57 页。

共同体"，指出人类只有一个地球，各国共处一个世界。迈向命运共同体，必须坚持的原则是各国相互尊重、平等相待；坚持合作共赢、共同发展；实现共同、综合、合作、可持续的安全；不同文明兼容并蓄、交流互鉴。[1]中国倡导"人类命运共同体"的重要理论创新是把大国具体的外交理论整合为世界发展愿景的理论，并为此提出了基本原则和推进途径，明显超越了选举驱动的"现实外交"。

二是在处理国家间利益方面，倡导正确义利观。外交的基本任务是维护和推进国家利益，但外交的另一重要任务则是妥善处理国家与国家之间的利益关系。以美国为首的西方国家信奉唯我独尊，认为只有永久的利益而没有永久的朋友。中国提出的正确义利观具有划时代意义。正确义利观始于习近平在 2013 年 3 月访问非洲时的重要讲话，此后他又多次进行阐述，如在首尔大学演讲时指出："'国不以利为利，以义为利也。'在国际合作中，我们要注重利，更要注重义。"[2]正确义利观的提出，为正在崛起的中国处理利益关系提出了新的标准和要求，也为当代国际关系的公平公正增加了新的时代内涵。

三是在国际关系中倡导"结伴不结盟"。近现代国际关系往往出现结盟和对抗的组合模式，因为针对第三方的利益集团往往容易引发猜疑对抗的轮番升级，甚至会导致集团之间"热"冲突和"冷"对抗。但是，中国特色大国外交坚持不懈地探索构建全球伙伴关系，努力走出一条"对话而不对抗、结伴而不结盟"的新路。同时，"结伴不结盟"更加符合当今时代要求，更加灵活有效地推进国家之间、地区内外和专门领域的合作共赢，更加有力地推动国际体系的改革和发展。

四是在国际热点难点问题上倡导"政治智慧"。国际热点难点问题最能

---

[1] 习近平：《迈向命运共同体　开创亚洲新未来——在博鳌亚洲论坛 2015 年年会上的主旨演讲》，新华网，2015 年 3 月 28 日，http://news.xinhuanet.com/politics/2015-03/28/c_1114794507.htm。

[2] 习近平：《共创中韩合作未来　同襄亚洲振兴繁荣——在韩国国立首尔大学的演讲》，外交部网站，2014 年 7 月 4 日，http://www.fmprc.gov.cn/web/ziliao_674904/zt_674979/ywzt_675099/2014zt_675101/xjpzxdhgfw_675151/zxxx_675153/t1171668.shtml。

检验大国外交的理论和实践的正确性。当代国际关系复杂异常，不能依赖老路径去解决新问题。小布什总统坚信美国可以用传统军事手段解决复杂的中东问题，结果深陷阿富汗和伊拉克战争的泥潭。中国以"中国式智慧"应对层出不穷的新问题，在处理中美矛盾时倡导"新型大国关系"，在处理南海争端时提出"双轨思想"，在打破中日关系僵局时提出"四点原则共识"，在伊朗核谈判中善用各方的沟通渠道。凡此种种，无一不是中国大国外交智慧的体现。

第三，理论体系。中国特色大国外交中包含着一脉相承的理论，也有许多近些年提出的新理念和新观点。但中国处于特色大国外交酝酿和成长期，需要加强理论的体系建设，在总体思想、基本立场和方法、战略目标和政策原则等方面进行理论性总结和提炼，加强世界观、时代观、体系观、义利观等理念的系统性建构，提升其对外交实践的指导意义。中国特色大国外交理论还需要同中国特色外交理论和中国特色社会主义理论进行衔接，形成层层递进和相互作用的理论体系和子体系。此外，从更加宏观的时空视角看，中国特色大国外交理论需要与全球和地区的外交理论进行对接和融合。总之，外交理论一旦形成科学体系后，其作用和影响力将呈几何式增长。

三、 增强理论自信并重视国际交汇

中国特色大国外交理论需要在国际相互交流和比较合作中发展，也需要为丰富国际共享的大国外交理论作出贡献。为此，中国需要在增强理论自觉和自信、超越传统思维局限和确定国际交汇合作方向等方面作出更大的努力。

（一）增强理论自觉与自信

中国作为具有全球影响力的大国，经常面临众多的外交议题，因而更加需要在外交实践基础上增强理论自觉和自信。

第一，在工作中增强理论自觉。外交工作是中国特色大国外交的基本实践，也是中国特色大国外交理论的主要来源之一。但在外交工作方面，中国大国外交理论建设面临双重挑战。一方面，外交的应用性和紧迫性经常会使职能部门和一线官员强调"办案"而疏于理论学习和理论总结，从而导致可贵的工作自觉性难以上升为更加重要的理论自觉性。另一方面，不少学者因为远离实践而只能在概念和词汇中建构理论，但这种空对空的理论难以指导实践。因此，中国政界和学界需要相互欣赏，共同增强理论自觉性，总结和提炼实践，累进建设理论体系，加强理论指导实践，评估理论的实践检验等。

第二，在成功中增强理论自信。中国外交的成功证明了中国外交理论的正确性。首先，中国外交重实践和重总结，近年来已先后召开了周边外交工作座谈会和中央外事工作会议，重视外交理论建设。其次，中国特色大国外交理论思想经受了客观实践的检验，指导着中国外交不断取得新的成功，而这些成功又不断增强政界和学界的理论自信，提高举国上下对外交理论建设重要性的认识。此外，外交的成功也有利于中国倡导的一些理念得到越来越多的国际支持，如在南非约翰内斯堡举行的中非合作论坛峰会上，非洲国家普遍认可中国对非的合作理念。南非总统祖马指出："在中非合作论坛的指导下，中非探索了一种独特的合作路径。双方以一种更加紧密的关系在国际事务中合作，加深了政治信任，频频进行高层次的互访、对话、协商、贸易和投资。""中国还支持非洲一体化进程，增进民间友谊，推动了非洲的和平与稳定，全面提升了中非关系。"[1]

第三，理论建设要防止两种倾向。一是不能妄自菲薄。中国学界少数人"言必称希腊"，认为只有以美国为首的西方国家的外交理论才是理论，并以此批判中国的外交理论。其实，习近平在不同场合已对被美国等西方国家奉为圭臬的理论进行了批驳。例如，2015年9月22日，习近平在访美

---

[1]《南非总统祖马：中南关系牢固 中非互利共赢》，中非合作论坛网站，2015年12月1日，http://www.focac.org/chn/ltda/dwjbzzjh_1/t1320604.htm。

首站西雅图时就明确指出："世界上本无'修昔底德陷阱'，但大国之间一再发生战略误判，就可能自己给自己造成'修昔底德陷阱'。"[1]

二是不能妄自尊大。我们在强调中国道路、理论和制度自信时，不能故步自封和盲目自满，认为已经到了尽善尽美的地步。相反，还要看到中国特色大国理论建设当前尚处于起步阶段，存在许多不足，需要不断丰富、完善和发展，更不能把世界上优秀的外交理论拒之门外。

（二）超越传统思维局限

中国特色大国外交的理论建设任重而道远，需要不断超越自我，在已有的基础上勇于探索创新。

第一，超越"大国外交"局限。大国外交是立足大国和放眼全球的外交，大国外交理论建设不能局限于在几个"大国"之间讨论"世界秩序""国际体系"和"大国关系"等传统的大国外交议题，而需要在世界范围内对大国外交的内涵、作用、影响、局限等进行理论建设和国际比较。中国作为社会主义大国和发展中大国，更要在全局性的理念和理论问题上尽可能多地吸纳各类行为体的积极参与，特别是要听取广大发展中国家的意见，增加大国外交理论的代表性和全面性。

第二，超越大国外交的传统内涵。近现代以来的大国外交强调均势理论、势力范围和政治军事联盟等。面对当代国际关系的新形势和新发展，习近平提出了新型大国关系的理念。习近平在 2013 年 6 月同奥巴马总统的"庄园会晤"中指出："中美建设新型大国关系前无古人、后启来者。中美需要在加强对话、增加互信、发展合作、管控分歧的过程中，不断推进新型大国关系建设。"[2]中国还把中俄关系提升到"全面战略协作伙伴关系"，

---

[1]《习近平在华盛顿州当地政府和美国友好团体联合欢迎宴会上的演讲》，中国政府网，2015年9月23日，https://www.gov.cn/xinwen/2015-09/23/content_2937427.htm。

[2]《习近平同美国总统奥巴马共同会见记者》，外交部网站，2013年6月8日，http://www.fmprc.gov.cn/web/ziliao_674904/zt_674979/ywzt_675099/2013nzt_675233/xjpdwfw_675267/zxxx_675269/t1048842.shtml。

并增强了中俄对国际关系的"战略引领"。中国在中欧关系上也有新的发展，双方正在共同打造和平、增长、改革、文明四大伙伴关系。新型大国关系理念的提出和推进表明，中国正在努力超越大国外交的传统内涵，这是当代大国外交的又一创举。

第三，超越"单向传递"模式。外交是国内政治的延续，从这个意义上讲，内政决定外交。但是，外交和内政之间具有作用和反作用的互动关系。在某一特定时期和问题上，外交对内政具有重要的甚至是决定性的反作用。就大国外交理论而言，国际互动是极其重要的因素。随着综合国力的增强和国际地位与责任的提升，中国外交对本国内政的反作用也将越来越大。因此，需要及早研究外交理论和实践对内政的影响途径和意义，进行相应的体制机制改革，提高外交在整个国家理论和决策中的地位和作用，增强各级领导的外交意识，培养更多复合型外交人才，增强全民的大国外交素养，等等。

（三）确定国际交汇合作方向

在中国的对外关系中，"求同存异""相向而行""利益交汇"等词汇出现的频度越来越高，这典型地反映了中国对大国外交理论在"和合"方面的实际努力。

第一，善于处理理论分歧。中国特色大国外交理论同以美国为首的西方大国外交理论相比，主要存在三方面的分歧。一是道义分歧。中国的大国外交理论主持公道并伸张正义，强调"得道多助，失道寡助"。以美国为首的西方大国外交理论信奉丛林原则，推行强权政治和赢者通吃。二是立场分歧。中国的大国外交理论强调存在和意识的关系，提倡不同文明的和谐共生。[1]以美国为首的西方大国外交理论突出意识形态因素并具有强烈的优越感。三是途径分歧。大国外交理论具有极强的应用意

---

[1]《习近平主席致亚信非政府论坛首次年会的贺词》，新华网，2015 年 5 月 25 日，http://news.xinhuanet.com/world/2015-05/25/c_127839994.htm。

义，中国和以美国为首的西方国家在大国外交重要理念的看法上也有很大的差别，后者对前者倡导的"新型大国关系"和"亚洲新安全观"等新理念就很不以为然。上述三大分歧还将长期存在，但可以妥善处理。例如，中国和以美国为首的西方国家在道义上各说各话，在立场上各持己见，但在应对全球金融危机和气候变化等问题上则求同存异，甚至求同化异。

第二，确立国际理论合作重点。利益观、秩序观和世界观应当成为中国特色大国外交理论国际合作的重点。首先，国家利益是世界各国外交的出发点和归宿点，中国强调增加利益交汇和实现互利共赢，以美国为首的西方国家的当权者在权衡战略利益和意识形态取向时一般也以前者为重。其次，当前国际关系十分复杂，全球治理任务繁重，即使是为了不在无序混乱中同受其害，世界各国也需要一定的国际秩序以维护各自的利益。中国和其他大国在联合国、二十国集团、气候变化机制等方面具有共识，中国和广大发展中国家更有共同的历史和前瞻目标。因此，中国和世界各国应当而且可以在国际秩序的理论、目标、机制和途径方面进行更多的合作。最后，中国和世界各国在世界观方面也存在一定的共识。中国的"人类命运共同体"意识和以美国为首的西方国家的全球"相互依存论"在理论上可以相互借鉴，中国和以美国为首的西方国家在经济外交和公共外交方面的一些理念也因接近而可以取长补短。

第三，实现"增量"突破。各国外交理论的"存量"有着悠久且深刻的历史文化背景，它们的汇聚和融合不可能一蹴而就，但在理论"增量"上还是大有文章可做。当前，大国外交理论的"增量"集中在非传统外交和安全问题上。近些年来，中国和世界上大多数国家在共同应对气候变化、恐怖主义、极端主义、防扩散、难民、防疫救灾和发展问题上的共识明显增多，共同努力也在增加。在此背景下，相互依存理论、同舟共济思想、全球一家意识和共同体理想等使建立全球共同理论的可能性正在进一步增加，这可以成为大国外交理论"增量"的突破点。

四、结语

展望未来，中国在大国外交理论建设方面需要继续坚持历史唯物主义和辩证唯物主义的立场和方法，更加科学地规划当前的阶段性目标。为此，我们需要更全面和辩证地处理好以下三对关系。

第一，善用机遇和应对挑战。机遇和挑战互为因果而相辅相成，重要的问题在于把握大势和善于转化。在机遇方面，中国有声有色的大国外交实践为理论建设提供了坚实的基础，中国领导集体高度重视理论建设也是极其重要的有利条件。世界各国期待中国提供更多理论性公共产品则是新的有利外部机遇。信息化革命更是为世界范围内的理论交流提供了前所未有的便利。但是，中国特色大国外交理论建设是在以美国为首的西方国家的理论包围下的孤军奋战。而且，国内理论建设相对滞后。如果说中国在建立大国外交理论方面面临的机遇是潜在的，那么需要应对的许多挑战却是具体的。中国特色大国外交理论尚未形成完整的体系，中国外交理论的指导意义和影响还不能让人满意，国际社会对中国外交理论的认同度还不够高。因此，中国的政界和学界还需要在挑战中增强问题意识并推进理论建设。

第二，增强特色和趋向共性。"中国特色"是历史的产物，具有阶段性意义。中国是国际社会的重要成员，体量大，影响也大，自然应当研究和建构中国特色大国外交理论。而且，中国处于社会主义初级阶段，在面对苏东剧变后的国际挑战、走向世界大国和强国征途中，我们都需要强调"中国特色"。但中国毕竟只是国际社会的一个成员，其大国外交理论还应当汇入全球主流外交理论之中。因此，中国在进行自身的大国外交理论建设时，要虚心吸取世界一切优秀理论的精华，采取切实措施，加强内外理论互动，努力争取同国际社会共同创造新的理论并取得新的进步。

第三，远期目标和近期能力。应当指出的是，在外交理论建设的目标和能力之间，中国仍存在较大的差距，而缩小两者差距需要时日。因此，在制定目标时，把它分解成符合世情和国情的近期、中期、远期任务，需要把目标设立在经过努力可以达到的水平之上，而且要认识到在特定时间段只能完成有限的目标。因而必须确定目标的优先次序，量力而行。此外，中国特色大国外交理论建设既是政治使命，也是学术任务。多年来，中国外交实践一直走在理论建设前面，政治倡导多于学术引领。如果这种局面长此以往，势必影响中国外交的理论建设，这也是笔者反复强调政界和学界需要取长补短的重要原因之一。

中国特色大国外交理论的构建方向 *

中国在持续发展并日益走近世界舞台中心，在外交上也开启了"中国特色大国外交"的新进程。近年来，以习近平同志为核心的党中央在外交上不断提出新思想、新理念和新观点，十分重视构建中国特色大国外交理论。理论构建是项长期艰巨的系统工程，需要在传承已有内外理论优秀成果的基础上，在构建的方向和重点上达成共识，在相关研究上形成合力，从而改变当前理论建设远远落后于实践的状况，实现中国外交更快和更多地从感性认识向理性认识的飞跃，提升中国特色大国外交理论对自身的指导意义和在国际上的引领作用。

一、 时势的需要和中国的探索

当前，国际形势和国际关系的发展进入新阶段，中国特色大国外交也在全面展开。与此同时，面对千变万化的国际形势和丰富多彩的中国外交，构建中国特色大国外交理论的任务更加紧迫和突出。

（一）时势的需要

纵观300多年以来的近现代、当代国际关系史和外交史，时代嬗变和历史转折时期往往会有新的理论问世，时势使然也。17世纪资本主义的发

　＊　原文载《现代国际关系》2017年第3期，第1—8页。

展开启了世界近代史时期。西方以"欧洲中心论""国际关系丛林法则""亚非国家劣等论"等理论为其资本主义和殖民主义扩张寻找理论依据。19世纪和20世纪之交,人类社会进入了世界现代史时期,欧美以其军事、经济、政治和文化等"强势",推出了马汉的"海权论"、麦金德的"陆权论",创建了国际关系学科和现代智库,形成了西方主导的现代国际关系和外交理论的体系。但是,俄国十月革命的胜利在当时的国际关系和外交的实践和理论方面独树一帜。列宁的"帝国主义论"和"战争与革命时代论"在亚非拉地区广泛传播,点燃了共产主义革命和民族解放运动的理论之火。1945年第二次世界大战结束标志着当代国际关系和外交的开始,世界从"战争与革命"时代逐步走向"和平与发展"时代。两极的雅尔塔体系、冷战结束后的"一超多强"以及由多极化和全球化推动的国际体系改革,都在当代国际关系和外交理论建设上留下了深刻的时代印记。与此同时,外交理论的内涵和外延都有重大变化,研究的地域从国家疆域向外空、极地、网络和深海等"新公域"发展,研究的领域也从传统的"高政治"向非传统领域迅速扩散。当前,各种理论纷至沓来,处于交流、交锋和交汇的"百家争鸣"阶段。

(二)中国的探索

中国共产党既是中国外交理论的建设者,也是中国外交的践行者。在革命、建设和改革开放等不同时期逐步建立和发展了中国特色外交理论。

一是革命时期。这是中国共产党外交理论的酝酿期,可以追溯到建党之前风雨如磐的年代。李大钊是中国第一个传播马克思主义并主张向俄国十月革命学习的先进分子。1918年,他发表的《法俄革命之比较观》指出,"俄罗斯之革命是二十世纪初期之革命,是立于社会主义上之革命",是"世界的新文明之曙光"。[1]建党后,中国共产党人信奉和追求反帝反殖和

---

[1] 转引自中共中央党研究室:《中国共产党历史》(第一卷)上册,北京:中共党史出版社2011年版,第45页。

争取国家独立的外交理想，力图用马克思主义理论研究、分析和理解中国的国际环境和外交问题。毋庸置疑，在残酷的国内革命和战争时期以及抗战时期，中国外交理论具有强烈的革命性，并且深受共产国际的影响。但是，随着形势的发展和自身的成熟，中国共产党的外交理论逐步将马克思主义中国化，成为对外关系的指导思想。在世界反法西斯战争和中国解放战争双重胜利的内外背景下，中国共产党的外交理论有了新的发展，毛泽东外交思想初见端倪。

二是建设时期。在党史和国史中，1949—1978年被称为"建设时期"，这30年也是中国外交理论的探索期，重点进行和平理论、革命理论和战略理论的"三位一体"的外交理论建设。就和平理论而言，它是中国外交理论的基点。1949年9月29日，中国人民政治协商会议第一届全体会议通过的起临时宪法作用的《中国人民政治协商会议共同纲领》指出："中华人民共和国联合世界上一切爱好和平、自由的国家和人民。"1954年，中国、印度和缅甸政府共同倡导提出和平共处五项原则，即"互相尊重主权和领土完整、互不侵犯、互不干涉内政、平等互利、和平共处"。和平共处五项原则是中国奉行独立自主和平外交政策的基础和完整体现。就革命理论而言，它从理论上体现了当时中国的国内和国际环境。一方面，中国在内外敌对势力的围堵中，经历了朝鲜战争、越南战争和面对蒋介石反攻大陆的威胁。另一方面，第二次世界大战后的民族解放和独立运动风起云涌，一大批发展中国家脱颖而出。因此，在世界战争与和平的过渡期里，中国外交理论带有革命理论的演绎。毛泽东在中华人民共和国成立前夕先后提出了"一边倒"和"两大阵营"的共产主义革命理论。中国在20世纪60年代和70年代又提出了"备战备荒为人民"[1]的战略思想和"国家要独立，民族要解放，人民要革命，已成为不可抗拒的历史潮流"的战略判断[2]。在此"战争引起革命"或"革命制止战争"的双重可能条件下，革命和战争成为

---

[1] 张文和、李艳编著：《口号与中国》，北京：中共党史出版社1998年版，第343—344页。
[2] 参见1972年2月28日发表的《中美联合公报》和1973年8月《周恩来在中国共产党第十次全国代表大会上的报告》。

中国外交理论建设的双重核心。就战略理论而言，毛泽东基于国家利益和战略运筹在20世纪70年代提出了"三个世界"理论和中美苏"大三角"战略。在此国际战略理论指引下，中国外交逐步摆脱了国际孤立，增加了战略平衡余地，开创了中国外交的新局面，并为后来改革开放时期的外交奠定了扎实的基础。

三是改革开放时期。改革开放以来，中国特色社会主义理论逐步形成，中国特色外交的理论建设也逐步提上议事日程。党的十一届三中全会后，邓小平的外交理论建设围绕着中国的改革开放而发展，他创造性地提出和平发展的时代观、调整大国关系的格局观、强调国家主权的核心利益观和坚持改革开放的战略观等。江泽民担任党和国家领导人期间（1989—2002年），"三个代表"重要思想在中国特色外交理论上得到充分体现，形成了全面布局的战略思想，"大国是关键、周边是首要、发展中国家是基础、多边是重要舞台"的战略布局至今仍是中国外交的重要组成部分。胡锦涛担任党和国家领导人期间（2002—2012年），中国特色外交理论建设以理念建设为重点，在外交上提出了与科学发展观相呼应的和谐观、秩序观、民本观、发展观等。上述所有这些理论建设都为党的十八大以后的中国特色大国外交理论建设奠定了基础和创造了条件。

二、中共十八大以来的理论探索和创新

2012年11月召开的党的十八大标志着中国特色大国外交理论建设的新起点。中国开始以全球大国的身份认真总结丰富的外交实践，并将其上升到理念和理论的层次，使构建中国特色大国外交理论成为理论探索和创新的重要命题。

（一）提高外交理论的自觉和自信

当前是中华人民共和国成立以来最为重视外交理论建设的时期。党的十八大以来，习近平总书记在许多场合多次强调外交的理论建设。仅《习

近平谈治国理政》一书就分五个专题收录了习近平关于外交工作的 20 多篇重要讲话、谈话，清晰反映了习近平外交思想在实践中不断发展完善的过程与脉络。例如，习近平 2014 年 11 月 28 日在中央外事工作会议上指出："中国必须有自己特色的大国外交。我们要在总结实践经验的基础上，丰富和发展对外工作理念，使我国对外工作有鲜明的中国特色、中国风格、中国气派。"[1] 杨洁篪国务委员和王毅外长经常就外交理论建设问题发表文章或演讲。[2] 国家社科基金对中国特色外交理论的研究加大了投入，涉外部门更是经常委托学界进行中国特色大国外交理论的研究、讨论等。丰富的实践成果和不断展开的理论建设增强了中国外交理论的自信，理论自信又增加了理论自觉，两者相辅相成。当前，中国外交理论的探索和创新成果不断涌现，外交工作的理论指导和检验意识不断深化，因而外交的实践也在向纵深方向发展。

（二）强化外交战略的实践性和理论性

战略理论和战略实践是中国外交的特长。四年多来，中国制定和有力推进了以稳中求进的大国关系、经政互动的周边关系、义利兼顾的发展中国家关系、共商共建共享的"一带一路"倡议和建章立制的全球治理等的外交战略布局，丰富和发展了中国外交的战略实践。中国还在强化外交战略的理论建设方面取得了显著的成绩。第一，增加外交战略的理论厚度。中国在外交战略上深化了在文明基础、和平发展、合作共赢、历史超越等方面的建设，不仅重视"战略"的本身，而且追溯和发展战略的理论。第二，强化外交战略的道义责任。中国的外交战略思想不仅重视本国利益，

---

[1]《习近平出席中央外事工作会议并发表重要讲话》，新华网，2014 年 11 月 29 日，http://news.xinhuanet.com/ttgg/2014-11/29/c_1113457723.htm.

[2] 杨洁篪：《新形势下中国外交理论和实践创新》，载《求是》2013 年第 16 期，第 7—10 页；杨洁篪：《外交理论与实践创新 不断开创中国外交新局面》，载《求是》2016 年第 3 期，第 3—6 页；王毅：《中国特色大国外交之路》，载《国际问题研究》2013 年第 4 期，第 1—7 页；王毅：《新形势下中国外交的强大思想武器——读〈习近平谈治国理政〉》，载《人民日报》2015 年 2 月 12 日。

而且强调大国的责任和担当、南南合作的意义和正确的义利观，从而使中国特色大国外交的战略理论和思想与"自我中心""唯利是图"的以美国为首的西方国家形成鲜明的对照。第三，加强全球治理战略的重点建设。中国在日益走近世界舞台中心时，需要加强在全球治理、国际体系和国际秩序方面的战略运筹及其理论建设。为此，中共中央政治局分别于 2015 年 10 月 12 日和 2016 年 9 月 27 日举行以全球治理为主题的第 27 次和第 35 次集体学习。习近平在第 27 次集体学习上强调"要加强能力建设和战略投入，加强对全球治理的理论研究"[1]；在第 35 次集体学习上强调"推动全球治理体系变革是国际社会大家的事，要坚持共商共建共享原则，使关于全球治理体系变革的主张转化为各方共识，形成一致行动"[2]。

（三）强调外交理念的进步性、前瞻性和指导性

习近平指出："我们党是高度重视理论指导并在实践中不断推进理论创新的马克思主义政党。"[3]中国特色大国外交理论重在与外交实践的能动和理性互动，而不是单纯的理论演绎或逻辑推理。而且，中国还特别强调外交理念的时代进步性。中国外交理念的时代进步性需要在中外关系互动中接受实践检验，而且只有与时俱进和创新的外交理念，才会在国际上广为认可。同样，只有具备时代进步性的外交理念，才能具有前瞻性和指导性，才能充分发挥理论的价值。4 年多来，中国提出的新型国际关系、新型大国关系、正确义利观、新安全观、人类命运共同体等外交新理念，已经成为当代国际关系实践的新方向。这点在二十国集团领导人杭州峰会上得到了充分的体现。习近平指出，中国运用议程、议题设置权和先进的理念，"引导峰会形成一系列具有开创性、引领性、机制性的成

［1］《习近平：推动全球治理体制更加公正更加合理》，新华网，2015 年 10 月 13 日，http://news.xinhuanet.com/politics/2015-10/13/c_1116812159.htm。

［2］《习近平：加强合作推动全球治理体系变革共同促进人类和平与发展崇高事业》，新华网，2016 年 9 月 28 日，http://news.xinhuanet.com/politics/2016-09/28/c_1119641652.htm。

［3］《习近平在学习〈胡锦涛文选〉报告会上的讲话》，人民网，2016 年 9 月 29 日，http://politics.people.com.cn/n1/2016/0929/c1024-28751270.html。

果，实现了为世界经济指明方向、为全球增长提供动力、为国际合作筑牢根基的总体目标"。[1]

（四）探索内外理论的交汇

中国在强调理论、道路、制度和文化自信的基础上，努力寻找中外理论的对接点和重合面，通过双多边外交和国际学术交流，同国际社会共同构建和平发展的新理论。第一，外交理论的国际对接。这里主要讨论国际政府间的理论对接。欧盟一向以规范外交理论的倡导者自居，习近平 2014 年访问欧盟总部时，中欧双方商定共同打造和平、增长、改革、文明四大伙伴关系[2]，从而增加了中欧在"规范"方面的对接点和重合面。中美两国在守成大国和新兴大国关系的理论上也进行了对接的努力，习近平和奥巴马都否定了近年来甚嚣尘上的"修昔底德陷阱"理论。这个源自古希腊历史学家修昔底德的理论认为，当一个崛起的大国与既有的统治霸权竞争时，双方的对抗多数以战争告终。2015 年 9 月 22 日，习近平主席在对美国事访问首站西雅图的一次演讲中指出，世界上本无"修昔底德陷阱"，但大国之间一再发生战略误判，就可能给自己造成"修昔底德陷阱"。[3]9 月 24 日，奥巴马总统在与习近平主席会谈时明确表示不认同守成大国与新兴大国必将发生冲突的"修昔底德陷阱"，奥巴马认为大国尤其是美中之间更要尽量避免冲突，相信美中两国有能力管控好分歧。[4]第二，外交战略的国际对接。中国外交战略的制定者是中国，但其交集面却是地区性和全球性的。中国是"一带一路"、联合国《2030 年可持续发展议程》、《巴黎协定》

---

[1] 习近平：《习近平谈治国理政》（第二卷），北京：外文出版社 2017 年版，第 449 页。

[2] 《关于深化互利共赢的中欧全面战略伙伴关系的联合声明》，外交部网站，https://www.mfa.gov.cn/web/ziliao_674904/zt_674979/ywzt_675099/2014zt_675101/xjpzxcxdsjhaqfh_675119/zxxx_675121/201403/t20140331_9282722.shtml。

[3] 《习近平在华盛顿州当地政府和美国友好团体联合欢迎宴会上的演讲》，新华网，2015 年 9 月 23 日，http://news.xinhuanet.com/world/2015-09/23/c_1116656143.htm。

[4] 《习近平同奥巴马会晤时强调增强中美战略互信》，人民网，2015 年 9 月 25 日，http://politics.people.cn/n/2015/0925/c100127635620.html。

和二十国集团领导人杭州峰会"全球新行动纲领"的主要推动者，中国相关战略理论与有关各方交汇对接，从而形成新的战略理念和行动。第三，学术研究的国际对接。理论创新需要扎实的学术研究，理论交汇需要广泛深入的学术交流。4年多来，中国通过中外智库的合作平台，深化外交理论的交流合作。中国和美欧智库交流本来就相当密切，近年来更是趋向机制化和专题化。例如，习近平主席 2016 年 9 月访美成果清单中就提到"双方支持大学智库合作，每年举办中美大学智库论坛"。[1]又如，中国-中东欧合作（"16＋1"）框架中建立了"中国-中东欧国家关系研究基金"和"中国-中东欧国家高级别智库研讨会"。此外，中国同广大发展中国家和地区的智库合作也在向纵深发展。2013 年启动的"中非智库 10＋10 合作伙伴计划"这一机制化平台，进一步提升了双方智库交流与合作水平。2016 年 11 月发表的《中国对拉丁美洲和加勒比政策文件》"学术和智库交流"条款中专门指出："积极支持中拉学术研究机构和智库开展课题研究、学术交流、研讨会、著作出版等多种形式的交流合作。鼓励双方高校开展合作研究。"[2]

三、 中国特色大国外交理论构建的方向

中国特色大国外交理论的进一步建设，需要以发展为导向，从时间跨度、领域发展、体系建设和内外互动等多个维度着力，努力加以系统化和体系化。

（一）历史的传承和发展

继续发扬中华文明的优秀传统、创造性发展马克思主义和加强国际

---

[1]《习近平主席对美国进行国事访问中方成果清单》，新华网，2015 年 9 月 26 日，http://news.xinhuanet.com/politics/2015-09/26/c_1116685035.htm。

[2]《中国对拉美和加勒比政策文件》，外交部网站，https://www.fmprc.gov.cn/web/wjb_673085/zfxxgk_674865/gknrlb/tywj/zcwj/201611/t20161124_7949957.shtml。

理论交流是中国特色大国外交理论建设的重要途径。第一，中华文明的特色理论建设。中国外交作为代表国家利益的国家行为，其理论首先应当具有中华文明的特色。历史悠久的中华文明蕴含丰富的外交思想、理论、理念和战略，但在全球化和信息化时代需要重新认识和创新发展。在新形势下，需要整体审视和复兴再造中国特色外交理论中的"中华文明基本要素"。一方面，需要总结和提炼。由于历史和现实的原因，当前中国学界在阐述外交理论时"语录"式引用多，而全面总结和科学提炼少。中华文明虽然深受儒家思想影响，但其他学说也应当受到重视。特别是在实实在在维护国家利益的外交中，不仅需要儒家的理想思想，还需要法家的现实思想、战略家的谋略思想、纵横家的机变思想等。例如，《司马法》有云："国虽大，好战必亡；天下虽安，忘战必危。"但有些人往往在强调和平时引用前半部分，在强调武备时则用后半部分。一句话的引用尚且如此，更不用说博大精深的整体中华文明了。另一方面，需要重点更新和再造外交理论中的中华文明要素。中华文明史是中华民族不断自我摒弃、更新和再造的历史进程，而这一进程在进入近代和当代世界后则在加速。为此，需要更新、创新和整合中华文明外交理论内核，并使之与世界其他主要文明的外交理论互鉴互补，共同进步，交相辉映。就构建中国特色大国外交理论而言，当前的重点是要对中华文明所蕴含的外交思想和理念"再现代化"，实现从"国家观"向"全球观"、从"近悦远来"向"合作共赢和共同安全"、从"协和万邦"向"人类命运共同体"的历史性转变。

第二，马克思主义的特色理论建设。马克思主义是中国的理论基础，也是中国外交理论的"红色基因"。马克思主义诞生至今已有170多年的历史，在俄国十月革命后传入中国并开始了"中国化"的百年历程。构建中国特色大国外交理论首先是坚持马克思主义的立场和方法，即历史唯物主义和辩证唯物主义。2013年12月3日，习近平在主持中央政治局就历史唯物主义基本原理和方法论进行第11次集体学习时强调："历史和现实都表明，只有坚持历史唯物主义，我们才能不断把对中国特色社会主义规律的认识提高到新的水平，不断开辟当代中国马克思主义发展新境界。"[1]2015年1月23日，习近平在主持中央政治局就辩证唯物主义基本原理和方法论进行第20次集体学习时强调："要学习掌握唯物辩证法的根本方法，不断增强辩证思维能力，提高驾驭复杂局面、处理复杂问题的本领。"[2]但对某些中国国际关系和外交学界的单位和个人而言，他们的主要精力往往放在学习和介绍西方国际关系和外交理论上，对传承"红色基因"的重视不够，在一定程度上导致了马克思主义外交理论的断层，因此需要"补课"，首先是"潜心研读原著，把握精神实质，真正学通弄懂"[3]。在此基础上，还要把构建中国特色大国外交理论作为中国化马克思主义——中国特色社会主义理论体系的重要组成部分，使之成为中国外交实践的能动和理性总结以及科学和前瞻的指导。

第三，国际交汇的特色理论建设。中国特色大国外交理论不能在封闭中进行自我欣赏式的建设，而要在同国际外交理论的交流、交锋和交汇中成长和发展。习近平在第27次中央政治局集体学习上指出："要推动全球治理理念创新发展，积极发掘中华文化中积极的处世之道和治理理念同当今时代的共鸣点。"[4]今后，中国特色大国外交理论要同各类大国的外交理论进行交流与交锋，同广大发展中国家的外交理论进行交集与交汇，同非国家行为体的外交理论进行互动与互鉴，同国际上主要外交理论学派进行切磋与合作。为此，中国国际关系和外交学界要加强与世界各国同行的思想交流、会议交流、项目交流和人才交流。换言之，中国特色大国外交理论在发展自身个性时，要逐步增加国际共性、国际影响和国际作用，使中

---

[1]《习近平：推动全党学习和掌握历史唯物主义》，新华网，2013年12月4日，http://news.xinhuanet.com/politics/2013-12/04/c_118421164.htm。

[2]《习近平：坚持运用辩证唯物主义世界观方法论提高解决我国改革发展基本问题本领》，新华网，2015年1月24日，http://news.xinhuanet.com/politics/2015-01/24/c_127416715.htm。

[3]《中共中央关于学习〈胡锦涛文选〉的决定》，人民网，2016年9月29日，http://politics.people.com.cn/n1/2016/0929/c1001-28751254.html。

[4]《习近平：推动全球治理体制更加公正更加合理》，新华网，2015年10月13日，http://news.xinhuanet.com/politics/2015-10/13/c_1116812159.htm。

国特色大国外交理论更有普遍意义、更有说服力、更有指导作用。

（二）内涵的深化和拓展

当前和今后中国特色大国外交具有地域和领域两轮驱动的特点。地域和国别是中国外交的传统重点，领域和问题则是中国外交的新高地，两者的互动深化形成了中国特色大国外交理论建设的重要内涵。

第一，地域和国别的特色理论建设。中国在地域和国别外交理论方面同国际社会其他成员既有共性，也有特色。外交理论共性主要表现在国家的主权观和利益观、地缘政治和地缘战略思想、地区主义和国际主义及全球主义等。这里主要从以下四个方面讨论中国的地域和国别的特色理论建设。

一是多层次国家关系理论。中国的主体是单一制国家而且政治稳定，国家间关系的理论研究较多关注政府行为体，较少涉及地方、社会和其他非国家和非政府行为体。随着中国对外关系和海外利益的不断拓展，中国外交理论建设要加强在"国家内部变化和国家外部关系的动态变化""国家结盟和结伴关系比较""国家行为体和非国家行为体的复合外交""政府间非对称稳定"和"政府与社会多重互动"等方面的建设。

二是多层次地区关系理论。在次地区关系方面，中国要在推进中国和东盟国家合作（"10＋1"）、中国-中亚地区合作、中国-中东欧合作（"16＋1"）、大湄公河次区域合作、澜沧江-湄公河合作中构建新的"次地区合作理论"。在地区和跨地区方面，中国要进一步优化"一带一路"理论、中非合作理论、中阿（拉伯）合作理论、中拉（丁美洲）合作理论，特别是将中国融入整个发展中地区的合作理论。中国在地区合作方面，还要加强对不断涌现的新问题和新现象进行理论分析，在英国脱欧问题、美国退出北美自贸区和跨太平洋伙伴关系协定等问题上要有理论阐述和剖析。

三是多层次全球关系理论。中国外交中涵盖了全球关系的许多层次。在全球政府间关系方面，有非西方的 77 国集团、不结盟运动、金砖国家和南南对话等，也有东西方之间的联合国、二十国集团、南北对话和亚投行等。在全球非政府间关系方面的层次则更多、内容也更加丰富。今后要站在历史的高度和时代前进方向上，对这些全球关系的外交理论进行创新型研究。

四是多层次的大国关系理论。在中国外交词典中，大国包括霸权大国、传统大国、新兴大国和地区大国，其中新兴大国理论建设显得尤为重要。对于中国而言，新兴大国具有三重含义。作为亚洲大国，中国外交理论要充分体现"亲诚惠容"的新理念，指导周边合作和应对周边挑战，发挥大国的理论引领和塑造作用。作为发展中大国，中国外交理论要体现其历史的进步性，要为广大发展中国家服务。习近平 2016 年 11 月 28 日在会见候任联合国秘书长古特雷斯时强调："（联合国要）照顾发展中国家利益，多为发展中国家发声、办事。"[1]作为崛起大国，中国外交理论要超越传统的"国强必霸论"和"大国冲突论"，在实践和理论方面走出一条"前无古人但启来者"的大国发展新路。

第二，领域和问题的特色理论建设。4 年多来，中国在领域和问题的外交实践和理论上不断创新，突出表现在政治和价值观、经济和金融、安全和军事等领域方面。

一是政治和价值观领域的特色理论建设。在政治上，中国特色大国外交理论坚持中国共产党的领导和社会主义体制，总结中国政治体制机制的成功之道，为广大发展中国家提供西方之外的中国模式选择。在此基础上，中国特色大国外交理论建设还要更加理直气壮地宣传社会主义大国和发展中大国的政治信念，阐述伸张正义和秉持公道的政治立场，引领国际政治的重要性和必然性。在价值观方面，中国要在正确义利观上继续发展，把主要应用在中国和发展中国家关系上的义利观发展到中国和所有国家关系上去。为此，中国要重点建设外交价值观，增加在国际社会上的影响力和感召力，得到更多的认可和认同。

---

[1]《习近平会见候任联合国秘书长古特雷斯》，中国政府网，https://www.gov.cn/xinwen/2016-11/28/content_5139054.htm。

二是经济和金融领域的特色理论建设。改革开放以来，中国在经济和金融领域硕果累累，获得了国际社会的公认。4 年多来，中国在全球经济治理和金融体制改革方面的贡献更令世界刮目相看。但是，中国在经济外交和金融外交方面，还是实践成功多于理论建树。为了补齐理论滞后于实践的"短板"，有的学者建议，今后中国经济外交理论要重点研究以下四个方向，即作为发展中国家的经济外交、大国经济外交、开放经济条件下的经济外交和基于中华文明的经济外交。[1]此外，中国的经济外交理论研究还需要说清楚经济外交在总体外交中的作用，讲明白中国和西方经济外交的本质区别，分析好合作共赢和同舟共济的时代意义，处理好务实经济合作和国际经济金融制度建设的关系等。

三是安全和军事领域的特色理论建设。"安全外交"和"军事外交"作为中国外交常用词汇和概念是近些年的现象。吴莼思指出，国家安全，是国家外交工作所要服务的主要目标之一，但"安全外交"这一概念直到2009 年才浓墨重彩地出现在当代中国的外交实践中。[2]中国在走向全球大国和强国的历史进程中，不仅需要向世界提供物质性公共产品，更需要提供战略性、安全性和思想性的公共产品。[3]

（三）体系的建设和完善

《辞海》"体系"条的释义是："若干有关事物互相联系、互相制约而构成的一个整体。"[4]而且，根据一般性的社会科学理论构建方法，理论构建包括本体论、认识论和方法论三个部分。"本体论"是探究事物产生、存在

---

[1] 参见张晓通：《中国经济外交理论构建：一项初步的尝试》，载《外交评论》2013 年第 6 期，第 58—60 页。

[2] 吴莼思：《试论中国对于安全外交的新认知》，载《教学与研究》2012 年第 11 期，第 80—86 页。

[3] 杨洁勉：《中国走向全球强国的外交理论准备——阶段性使命和建构性重点》，载《世界经济与政治》，2013 年第 5 期，第 4—14、155 页。

[4] 夏征农、陈至立主编：《辞海》（第六版彩图本），上海：上海辞书出版社 2009 年版，第 2237 页。

与发展的根本原因和依据（渊源条件），"认识论"研究存在和认识的关系（总体思想），"方法论"则指认识和改造世界的根本之法（战略和政策）。有鉴于此，中国特色大国外交理论体系主要由渊源条件、总体思想、战略思维和政策原则的要素组成，相关的体系建设也主要在这四个方面进行。

第一，认识渊源条件。对于中国外交的历史渊源、现有条件和困难以及今后可能的各种情势，是个不断认识和再认识的深化过程，也是构建中国特色大国外交理论体系的基础。一是实践的再认识。中国特色大国外交理论源自波澜壮阔的中国外交实践，而一部中国外交史需要反复审视和不断温故知新。对于中国学界来说，需要重视实践的本体性和首要性，走出书斋和关注正在展开的中国特色大国外交实践，自觉和主动地总结古今中外的外交实践，并以此作为中国特色大国外交理论建设的出发点和归宿点。二是理论的再认识。外交理论建设主要是个渐进的过程，但也有突变的可能。理论是文明的进步，理论体系更是文明的高度结晶。不言而喻，构建中国特色大国外交理论需要汲取人类一切文明的优秀成果。因此，我们既不应妄自尊大，也不能妄自菲薄，而要以学习、批判、扬弃和创新的科学态度对待已有的外交理论、特别是中国的理论。三是牢记认识世界的目的是改造世界。就实践而言，一方面要继续夯实中国外交的物质基础和创造更多更好的物质条件，在基本实现全面小康后继续向世界中等强国迈进；另一方面，要继续推进有声有色的中国特色大国外交，不断取得外交成果和总结外交经验，用深厚的实践基础培育中国特色大国外交理论。就理论而言，一方面，要继续努力探索和推出新的外交思想、外交理念和外交原则，丰富现有的理论宝库；另一方面，要加大理论体系建设的力度，正如王毅外长所指出的那样："习近平总书记提出的新思想、新理念、新观点，正在形成有中国特色的大国外交理论，必将构成中国特色社会主义理论体系的重要组成部分。"[1]

---

[1] 王毅：《践行中国特色大国外交理念》，中国网，2016 年 5 月 4 日，http://www.china.com.cn/cppcc/2016-05/04/content_38377875.htm。

第二，发展总体思想。在中国特色大国外交理论体系里，总体思想是"中国对自身和世界关系的总体看法"[1]。中国外交的总体思想兼具稳定性和动态性的双重特点。总的来说，中国对世界形势和国际条件的认识在相当时间里保持基本不变，和平发展的时代主题和战略机遇期两大战略定位即典型的例子。但是，中国对世界的总体认识和判断也在动态发展，"和平发展的时代主题"已经发展成"和平、发展、合作、共赢的时代潮流"[2]，"战略机遇期"也发展成为"努力抓住机遇，妥善应对挑战"[3]。展望未来，中国作为具有全球影响力的大国，正在把全球治理和国际体系与秩序建设作为外交的重点和优先任务之一，那就更需要正确和准确判断世界形势和定位中国与世界的关系。而且，中国还需要把这些判断和定位上升到理论的高度，增加其科学性、系统性和普遍性。

第三，深化战略思维。习近平非常重视和强调战略思维。从中国党和政府的外交思想与实践中可以推断，今后中国特色大国外交理论体系中的战略思维建设将坚持如下方向。

一是加强研究外交战略理论。没有理论的战略只是谋略，理论指导下的战略才能真正统揽全局和谋划大局。战略理论是介于总体理论和应用理论之间的"中间理论"，它的构建既要体现中国外交战略思维的整体性和辩证性，也要突出它的应用性和务实性。

二是加强建设外交战略学。在中国，有军事战略学和商业战略学，但还没有外交战略学。系统和综合的外交战略学应当而且可以提升战略思维的自觉性，促进外交战略从感性向理性发展，并发挥外交战略学的理论能动作用。

---

[1] 杨洁勉：《中国外交理论和战略的建设与创新》，上海：上海人民出版社 2015 年版，第 68 页。

[2] 胡锦涛：《坚定不移沿着中国特色社会主义道路前进为全面建成小康社会而奋斗——在中国共产党第十八次全国代表大会上的报告》，新华网，2012 年 11 月 19 日，http://www.xj.xinhuanet.com/2012-11/19/c_113722546.htm。

[3] 《习近平在中共中央政治局第二十七次集体学习时的讲话》，新华网，2015 年 10 月 13 日，http://news.xinhuanet.com/politics/2015-10/13/c_1116812159.htm。

三是加强培养外交战略家。古今中外的外交战略家基本上来自国家和外交领导层，但他们在成为外交战略家之前都经历过不同程度的理论学习和实践锻炼。当前和今后我们在国家和涉外层面培养干部时，要有意识地加强战略学习和战略思维，厚植外交战略家成长的沃土。这一点在中国特色大国外交中尤为重要，培养外交战略家本身就需要战略眼光和战略决心。

第四，创新政策原则。在中国特色大国外交理论体系的四大构建元素中，政策原则承担着条件、思想和战略的具体落实。面对加速变化的内外环境，中国需要全面梳理已有的外交政策原则，确定改革创新的重点。中国学界已经有人要求改变多年来的"不干涉内政""不对外驻军""不结盟"等政策原则，还有学者提出了对外要"示威示强"和"定规矩"等原则。但是，鉴于外交政策的特殊性，有关讨论和辩论既要提倡广开言路和探索创新，也要注意全面和长期维护国家利益、国家形象等。此外，决策论也是今后理论建设的重要任务之一，它包括决策机制、决策进程和决策后续等理论研究和实践运用。对待决策论要站到中国外交现代化的高度，还要进行必要的政治和物质投入。

四、结语

当前，我们在大国外交实践和理论方面的话语权同中国外交在世界舞台上的地位、作用很不相称。正如习近平 2016 年 5 月 17 日在哲学社会科学工作座谈会上的讲话中所指出的："在解读中国实践、构建中国理论上，我们应该最有发言权，但实际上我国哲学社会科学在国际上的声音还比较小，还处于有理说不出、说了传不开的境地。"[1]要根本改变这一局面，不可能指望国外，特别是以美国为首的西方国家的专家学者。构建中国特色大国外交理论是历史赋予中国学界的光荣而艰巨的历史使命，我们要有历史的

---

[1]《习近平：在哲学社会科学工作座谈会上的讲话》，新华网，2016 年 5 月 18 日，http://news.xinhuanet.com/politics/2016-05/18/c_1118891128.htm。

责任和担当。

中国特色大国外交理论建设涉及方方面面，既需要务实的支撑和领域的深化，也需要高度的概括和总体的整合，最终形成视野恢宏和内涵丰富的理论框架。我们当前和今后的理论构建任务，就是要在已有的外交实践基础上，全面和科学地总结外交理论，重点研究习近平总书记提出的新思想、新理念、新观点，着力将其提炼成指导当前和今后中国外交的理论体系，进而成为中国特色社会主义理论的重要组成部分。

"千里之行，始于足下"。我们在构建中国特色大国外交理论时，不仅需要传承和发展历史、深化和拓展内涵、建设和完善体系，而且需要具体落实的路线图和时间表。在制定路线图时，需要倾全国之力和集全球之智，为中国特色大国外交理论建设创造条件、确定战略目标、凝聚思想共识、有效应对挑战和克服困难等。在制定时间表时，要根据"两个百年奋斗目标"确立相应的阶段性目标，适时进行实践和理论评估，从而真正做到完成任务和不辱使命。

改革开放 40 年中国外交理论建设 *

改革开放 40 年来，在党中央的坚强领导下，中国经受了国内国际形势变化的考验，在波澜壮阔的实践中增强了道路自信、理论自信、制度自信、文化自信。中国外交在不同阶段的理论继承、累进、总结、发展、探索和创新中，形成了中国特色大国外交理论，而习近平外交思想则是其集大成者。当前，中国外交站在新的起点上，在习近平外交思想的指导下，正在为中华民族的伟大复兴和建设人类命运共同体作出新的努力和贡献。

一、 不忘初心，与时俱进

新中国成立，特别是改革开放以来，中国外交在马克思主义中国化的指引下，发扬中华民族优秀传统文化，坚持社会主义道路和中国共产党的领导，在改革开放中不断砥砺前行。

（一）启动和坚持改革开放

1978 年 12 月举行的党的十一届三中全会开启了中国改革开放的伟大历程。邓小平在全会主题报告的讲话中强调："干革命、搞建设，都要有一批勇于思考、勇于探索、勇于创新的闯将。没有这样一大批闯将，我们就无

　＊　原文载《国际问题研究》2018 年第 5 期，第 1—15 页。

法摆脱贫穷落后的状况，就无法赶上更谈不到超过国际先进水平。"[1]全会公报提出要"在自力更生的基础上积极发展同世界各国平等互利的经济合作，努力采用世界先进技术和先进设备"。[2]习近平对此给予高度评价："改革开放是怎么搞起来的？很关键的一条是我们党正确判断世界大势。由于对世界大势作出了正确判断，我们党确立了和平与发展是时代主题的认识，才有了党和国家工作中心的转移，才有了改革开放历史新时期的开启。"[3]

20世纪80年代末90年代初东欧剧变、苏联解体和冷战结束后，中国面临国内外形势的严峻考验。在此环境下，还要不要继续坚持改革开放？江泽民在党的十四大报告中对此作出了坚决和明确回答："面对新的国际形势，中国共产党、中国政府和中国人民将继续积极发展对外关系，努力为我国的改革开放和现代化建设争取有利的国际环境，为世界的和平与发展做出自己的贡献。"[4]在以江泽民同志为核心的第三代中央领导集体的坚强领导下，中国在外交上打破以美国为首的西方国家的"制裁"和围堵，制定和落实了大国、周边、发展中国家和多边外交的战略布局，扩大对外开放并在应对1997年亚洲金融危机中发挥了负责任大国的作用。

进入21世纪后，以胡锦涛同志为总书记的中央领导集体坚持改革开放。在2008年全球金融危机猛烈冲击世界时，中国成为国际社会的中流砥柱，向世界彰显了改革开放的伟大成果。胡锦涛强调："改革开放始终是推动党和人民事业发展的强大动力，我们必须毫不动摇推进改革开放，永不僵化、永不停滞。"[5]在此期间，中国经济总量不断递升，从2003年的世

［1］邓小平：《邓小平文选》（第二卷），北京：人民出版社1994年版，第143页。

［2］《中国共产党第十一届中央委员会第三次全体会议公报》，人民网，http://cpc.people.cn/GB/64162/64168/64563/65371/4441902.html。

［3］《习近平在新进中央委员会的委员、候补委员学习贯彻党的十八大精神研讨班开班式上发表重要讲话》，载《人民日报》2013年1月6日。

［4］江泽民：《江泽民文选》（第一卷），北京：人民出版社2006年版，第242页。

［5］《胡锦涛在省部级主要领导干部专题研讨班开班式上的重要讲话》，载《人民日报》2012年7月24日。

界第五到 2010 年跃居为世界第二。这一阶段的国内改革开放的重点是科学发展与和谐社会建设，外交的重点是坚持和平发展与和谐世界的建设。

党的十八大以来，中国的改革开放进入了新阶段。习近平提出"要把完善和发展中国特色社会主义制度、推进国家治理体系和治理能力现代化作为全面深化改革的总目标"。[1]他还指出："中国人民坚持对外开放基本国策，打开国门搞建设，成功实现从封闭半封闭到全方位开放的伟大转折。中国在对外开放中展现大国担当，从引进来到走出去，从加入世界贸易组织到共建'一带一路'，为应对亚洲金融危机和国际金融危机作出重大贡献，连续多年对世界经济增长贡献率超过 30%，成为世界经济增长的主要稳定器和动力源，促进了人类和平与发展的崇高事业。"[2]总之，坚持和发展中国特色社会主义，是改革开放以来我们党全部理论和实践的鲜明主题。

（二）坚持独立自主和平外交方针

改革开放 40 年里，中国坚持社会主义道路，坚持中国共产党的领导，坚持不结盟，坚持独立自主和平外交方针。

1981 年 7 月 18 日邓小平在会见香港客人时首次提出"中国要走中国特色的社会主义道路"[3]，中国在 1989 年政治风波及此后东欧剧变、苏联解体和冷战结束时顶住以美国为首的西方国家压力，在外交上坚持独立自主。邓小平指出："中国永远不会接受别人干涉内政。我们的社会制度是根据自己的情况决定的，人民拥护，怎么能够接受外国干涉加以改变呢？国际关系新秩序的最主要的原则，应该是不干涉别国的内政，不干涉别国的社会制度。"[4]

---

[1] 习近平：《习近平谈治国理政》（第二卷），北京：外文出版社 2017 年版，第 39 页。

[2] 《习近平在博鳌亚洲论坛 2018 年年会开幕式上的主旨演讲》，载《人民日报》2018 年 4 月 11 日。

[3] 韩振峰：《"中国特色的社会主义"这一概念究竟是何时提出的》，载《北京日报》2008 年 7 月 22 日，http://theory.people.com.cn/GB/49150/49152/7542100.html。

[4] 邓小平：《邓小平文选》（第三卷），北京：人民出版社 1993 年版，第 359 页。

以江泽民同志为核心的党中央坚决实施独立自主的和平外交方针。江泽民在新形势下从世界多样性理论上阐述中国特色社会主义的必然性。江泽民在不同的场合强调："要尊重世界的多样性。当今世界是丰富多彩的。各国都有权选择符合本国国情的社会制度、发展战略和生活方式。各国的事情要由各国人民自己作主，国际上的事情要由大家商量解决。"[1]此外，江泽民还在实践和理论上发展了中国的独立自主和平外交方针，有效应对了美国轰炸中国驻南联盟大使馆事件、"4·1"中美南海撞机事件和"9·11"事件，完成了中国加入世贸组织的历史进程，维护和扩大了中国的国家利益。

在以胡锦涛同志为总书记的党中央的领导下，中国综合国力持续增长，中国特色社会主义优越性不断显现，中国的独立自主和平外交方针进一步深化。中国政府在 2005 年和 2011 年两次发表《中国的和平发展道路》白皮书，从实践和理论角度阐述中国的和平发展道路问题。2005 年的白皮书指出："中国对内坚持和谐发展，对外坚持和平发展，这两个方面是密切联系、有机统一的整体，都有利于建设一个持久和平、共同繁荣的和谐世界。……中国坚定不移地走和平发展道路，是基于中国国情的必然选择……是基于中国历史文化传统的必然选择……是基于当今世界发展潮流的必然选择。"[2]2011 年的白皮书进而指出，中国和平发展道路"最鲜明的特征是科学发展、自主发展、开放发展、和平发展、合作发展、共同发展"，"中国和平发展打破了'国强必霸'的大国崛起传统模式"。[3]

党的十八大以来，在以习近平同志为核心的党中央的坚强领导下，中国更加全面和辩证地坚持社会主义道路和独立自主和平外交方针。习近平强调："要坚持中国共产党领导和中国特色社会主义，坚持我国的发展道路、社会制度、文化传统、价值观念。要坚持独立自主的和平外交方针，

---

［1］ 江泽民：《江泽民文选》（第二卷），北京：人民出版社 2006 年版，第 40 页。
［2］ 国务院新闻办公室：《中国的和平发展道路》白皮书，2005 年 12 月。
［3］ 国务院新闻办公室：《中国的和平发展道路》白皮书，2011 年 9 月。

坚持把国家和民族发展放在自己力量的基点上，坚定不移走自己的路，走和平发展道路，同时决不能放弃我们的正当权益，决不能牺牲国家核心利益。"[1]

（三）坚持中国特色社会主义道路

在改革开放的 40 年里，始终存在要不要搞社会主义和怎么搞社会主义的问题，在外交上则是如何向世界展示中国特色社会主义的成就和历史的必然性。

邓小平指出，我们搞改革开放决不是要抛弃我们的理想，"仍然要坚持社会主义道路，坚持共产主义的远大理想，年轻一代尤其要懂得这一点"[2]。邓小平还充满信心地说："中国的社会主义是变不了的。中国肯定要沿着自己选择的社会主义道路走到底。谁也压不垮我们。只要中国不垮，世界上就有五分之一的人口在坚持社会主义。我们对社会主义的前途充满信心。"[3]江泽民以"三个代表"重要思想、胡锦涛以科学发展观坚持和发展了中国特色社会主义道路，与以美国为首的西方国家政治经济社会危机日益加深形成鲜明对照，体现了中国特色社会主义道路的勃勃生机。

习近平从理论和实践结合上系统回答了新时代坚持和发展什么样的中国特色社会主义、怎样坚持和发展中国特色社会主义。对此，习近平在党的十九大报告中作了最精辟的概括："中国特色社会主义最本质的特征是中国共产党领导……中国特色社会主义道路、理论、制度、文化不断发展，拓展了发展中国家走向现代化的途径，给世界上那些既希望加快发展又希望保持自身独立性的国家和民族提供了全新选择，为解决人类问题贡献了中国智慧和中国方案。"[4]

---

[1] 习近平：《习近平谈治国理政》（第二卷），北京：外文出版社 2017 年版，第 443 页。
[2] 邓小平：《邓小平文选》（第三卷），北京：人民出版社 1993 年版，第 359 页。
[3] 邓小平：《邓小平文选》（第三卷），北京：人民出版社 1993 年版，第 320—321 页。
[4] 习近平：《决胜全面建成小康社会　夺取新时代中国特色社会主义伟大胜利——在中国共产党第十九次全国代表大会上的讲话》，北京：人民出版社 2017 年版，第 10 页。

二、 把握规律，顺势而为

马克思主义的世界观从来就不是简单地描述世界现状，而是努力探索世界发展的规律和方向，并在此基础上改造世界。在改革开放时期马克思主义中国化的结晶——邓小平理论、"三个代表"重要思想、科学发展观和习近平新时代中国特色社会主义思想的指导下，中国把握了国际形势和世界趋势的规律，在外交上不断克服困难和胜利向前。

（一）善抓重点，纵深发展

20 世纪 70 年代和 80 年代，国内国际形势发生重大变化，中国共产党十一届三中全会因势利导地提出全党和全国的工作重心转向经济工作。邓小平在深刻分析当时的形势后得出有可能避免世界大战的结论，并高瞻远瞩地提出了和平与发展是当今时代的两大主题，为中国的改革开放提供了理论依据和行动指南。江泽民和胡锦涛在把握国际大势方面又有新的发展，从世界多极化和经济全球化等方面对"二十年战略机遇期"进行了理论分析，并且在时代潮流、非传统安全、地区和国际合作等方面不断提出新分析和新理念。

党的十八大以来，习近平又以更高的政治和战略站位，更加积极营造内外战略机遇，并明确指出"综合判断，我国发展仍然处于可以大有作为的重要战略机遇期。我们最大的机遇就是自身不断发展壮大，同时也要重视各种风险和挑战，善于化危为机、转危为安"。[1]中国外交在维护国家核心利益、全球治理、国际体系和支持广大发展中国家等方面更加主动进取。中国提倡以相互尊重、公平正义、合作共赢的新型国际关系，推动构建人类命运共同体，建设持久和平、普遍安全、共同繁荣、开放包容、清洁美丽的世界，所有这些都是对国际大势的最新认识和主动营造。

---

[1] 习近平：《习近平谈治国理政》（第二卷），北京：外文出版社 2017 年版，第 442 页。

（二）立场鲜明，道义指引

中国外交理论具有鲜明的社会主义和发展中国家的政治属性，代表世界发展的方向和时代进步的意义，因而体现了立场和道义的进步性。

首先，反对霸权主义和强权政治是中国外交的政治纲领。早在 1980 年 1 月 16 日，邓小平就在一次重要的国内会议中明确指出，20 世纪 80 年代我们要做的第一件事，就是在国际事务中反对霸权主义，维护世界和平。[1] 1982 年 8 月 21 日，他在会见联合国秘书长德奎利亚尔时又进一步强调："反对霸权主义、维护世界和平是我们的真实政策，是我们对外政策的纲领。"[2]改革开放 40 年来，中国在国际事务中坚决反对霸权主义，坚决反对以强凌弱和以大压小，主张大小国家一律平等。中国还一再表态，中国在强大以后也决不会谋求霸权和称霸。

其次，维护国际公平正义是中国外交的一贯立场。改革开放以来，秉持公道、伸张正义贯穿于中国对外关系的全过程，而且随着时代特点和外部环境的变化，不断充实、丰富、发展，中国在综合国力不断提升后更是增强了将理念变为现实的能力。党的十八大以来，中国更加强调在全球和地区制度上保障国际公平正义，在联合国、上海合作组织、金砖国家以及中国和发展中国家的多边合作机制中不断提出和落实各种理念、制度和措施。

最后，支持广大发展中国家是中国外交的基本理念。改革开放以来，中国不仅从经济上，而且从政治上坚持与广大发展中国家为伍。中国还推动了金砖国家机制，增强了发展中国家的整体力量以缩小南北差距。党的十八大以来，中国更加重视与发展中国家的合作。习近平为此指出："广大发展中国家是我国在国际事务中的天然同盟军，要坚持正确义利观，做好同发展中国家团结合作的大文章。"[3]中国的"一带一路"倡议、中非合作

---

[1] 邓小平：《邓小平文选》（第二卷），北京：人民出版社 1994 年版，第 239 页。
[2] 邓小平：《邓小平文选》（第二卷），北京：人民出版社 1994 年版，第 417 页。
[3] 《习近平在中央外事工作会议上强调 坚持以新时代中国特色社会主义外交思想为指导 努力开创中国特色大国外交新局面》，载《人民日报》2018 年 6 月 24 日。

论坛、中阿（拉伯）合作论坛、中拉合作论坛、中国和许多国家的双边及多边合作都是其重要载体和平台。

（三）实事求是，分步推进

中国在对外关系中遵循求真务实的原则，既尽力而为，又量力而行。中国外交的目标和能力并不完全一致，而且国际形势又瞬息万变。因此，中国外交特别强调要在世情和国情的前提下行稳致远。

中国外交理论重视量变与质变的辩证关系。中国在倡导国际体系改革和人类命运共同体时把奋斗总目标分解为一系列的地域和领域的目标，通过循序渐进和积小胜为大胜，分步累进实现总目标。例如，中国既提倡人类命运共同体，也提倡中国-东盟命运共同体、中非命运共同体、利益共同体、责任共同体、经济共同体等理念。又如，中国在朝核问题和南海问题上倡导的"双轨"思路。有鉴于此，越来越多国家认同和响应中国的近期、中期、远期外交目标，愿意同中国一道建设新型国际关系和人类命运共同体。

三、 战略理论，战略思维

在中国外交理论宝库中，战略理论占据非常重要的地位，它是中国外交的大思路和大方略，也是运筹和实现外交总目标的系统性安排和长期运作。

（一）审时度势，战略创新

改革开放以来，中国坚持用马克思主义的立场观点方法，继承优秀传统战略思想，强调世界的大势和趋势，提出富有时代感的国际战略理论，赢得了战略的主动。

邓小平在20世纪70年代和80年代就密切关注国际形势和战略态势的发展变化，在和平与发展、国际格局多极化、综合国力竞争、科技革命、社会主义前途等时代命题上深化和创新了国际战略理论，为中国改革开放开创了必要和有利的国际环境。江泽民在带领中国走向 21 世纪时，提出了"三个着眼于"的战略思想：要着眼于世界战略格局运筹大国关系，着眼于地缘战略态势积极经略周边，着眼于扩展战略空间大力开展多边外交。[1]胡锦涛在 21 世纪头十年的内政外交工作中提出了统筹国内国际两个大局的命题，强调"各级领导干部一定要不断提高统筹国内国际两个大局的能力"[2]。"两个统筹"拓展了中国国际战略思想的地域和领域范畴，用崭新的战略思维指引中国从地区大国走向全球大国。

习近平在领导中国走近世界舞台中央时十分重视科学和客观地分析国际战略。在党的十八大以来的对外工作中，他提出"把握国际形势要树立正确的历史观、大局观、角色观"[3]。简而言之，正确历史观是要知往鉴来，正确大局观是要把握本质和全局，正确角色观是对中国要有准确战略定位。上述"三观"是对国际战略态势的高度理论总结，也是指引中国外交在最好发展期和严峻挑战中不断胜利前进的理论指南。

（二）战略目标，战略定力

中国外交战略的一个重要特点就是最大限度地发挥中国的体制和机制优势，以坚定的战略耐心和定力，一如既往地努力实现战略目标。

就外交战略目标而言，中国自改革开放以来在外交上一张蓝图干到底。40 年来，中国外交一直坚持邓小平提出的宏伟战略目标，努力为实现中华民族的伟大复兴而营造有利的内外环境。当然，中国的外交战略目标也会根据现实变化进行适当调整，从而更加符合形势变化的需要。正如习近平在 2018 年 6 月 22 日在中央外事工作会议上所指出的那样："党的十八大以来，在党中央坚强领导下，面对国际形势风云变幻，我国对外工作

［1］ 江泽民：《江泽民文选》（第二卷），北京：人民出版社 2006 年版，第 352—356 页。
［2］ 胡锦涛：《胡锦涛文选》（第二卷），北京：人民出版社 2016 年版，第 245 页。
［3］ 习近平：《决胜全面建成小康社会　夺取新时代中国特色社会主义伟大胜利——在中国共产党第十九次全国代表大会上的讲话》，北京：人民出版社 2017 年版，第 10 页。

攻坚克难、砥砺前行、波澜壮阔，开创性推进中国特色大国外交，经历了许多风险考验，打赢了不少大仗硬仗，办成了不少大事难事，取得了历史性成就。"[1]

中国在确立和实施战略目标的进程中，还十分强调战略定力。中国有信心实现自己的战略目标，但深知实现的道路将是漫长和曲折的，因此需要战略定力。邓小平提出了社会主义初级阶段论以及中国发展中国家的属性将长期不变。他对当时的国际形势突变作出了精辟的论断，及时提出冷静观察、沉着应付、稳住阵脚、韬光养晦、有所作为等战略方针。[2]江泽民和胡锦涛都有过类似的论述，强调要充分考虑到困难和挑战。党的十八大以来，国际形势又有新的变化，中国在从地区大国向全球大国，乃至全球强国过渡时遇到了更加复杂和严峻的挑战，不仅有诸如东海问题、南海问题和中美贸易摩擦等问题，而且面临美国把中国列为战略竞争者以及以美国为首的西方国家的集团性战略压力等战略挑战。为此，习近平反复强调对外工作要坚持战略自信和保持战略定力。[3]中国充分认识到挑战越严峻，中国就越要戒骄戒躁和排除干扰，咬定青山不放松，朝着既定战略目标前进。

（三）战略重点，问题导向

以习近平同志为核心的党中央大力提倡实践和理论的问题导向。马克思主义者历来重视提出问题和解决问题，因为"问题就是时代的口号，是它表现自己精神状态的最实际的呼声"。[4]习近平在"7·26"重要讲话中

---

［1］《习近平在中央外事工作会议上强调　坚持以新时代中国特色社会主义外交思想为指导努力开创中国特色大国外交新局面》，载《人民日报》2018年6月24日。

［2］钱其琛：《深入学习邓小平外交思想，进一步做好新时期外交工作》，王泰平主编：《邓小平外交思想研究论文集》，北京：世界知识出版社1996年版，第7页。

［3］《习近平在中央外事工作会议上强调　坚持以新时代中国特色社会主义外交思想为指导努力开创中国特色大国外交新局面》，载《人民日报》2018年6月24日。

［4］［德］卡尔·马克思、［德］弗里德里希·恩格斯：《马克思恩格斯全集》（第40卷），北京：人民出版社2006年版，第289页。

指出："我们要在迅速变化的时代中赢得主动，要在新的伟大斗争中赢得胜利，就要在坚持马克思主义基本原理的基础上，以更宽广的视野、更长远的眼光来思考和把握国家未来发展面临的一系列重大战略问题，在理论上不断拓展新视野、作出新概括。"[1]

问题导向在此主要有三重意义。其一，战略理论的关键在于能否解决实际问题。外交具有极其强烈的应用意义，往往要在紧迫的条件下作出迅速和正确的反应。因此，中国外交的战略理论不能光从理论到理论或从逻辑推理出发。相反，战略理论必须在实际和实践中发现问题和解决问题，为实践服务并且接受实践的检验。其二，中国外交必须抓住战略重点问题。中国外交面对的问题千头万绪，不能眉毛胡子一把抓，抓住了主要矛盾和矛盾的主要方面，其他方面就会迎刃而解了。在此战略思想指导下，中国自改革开放以来在外交上一直把大国关系（特别是中美关系）和周边关系作为战略重点问题对待和处置，近些年来又增加了全球治理和国际体系问题。其三，增强议题设置能力。中国在国力还不很强大的时候，就站在时代潮流的前沿，倡导建立国际经济政治新秩序和加强地区经济整合，争得了不少话语权。中国在综合国力成倍提升后，先后提出要在经济全球化问题上趋利避害，要更加有效地应对气候变化、经济增长、自由贸易和单边主义等重大全球性挑战，日益为国际社会贡献了中国方案和中国智慧。

四、提高站位和学术建设

改革开放以来，中国学界在国际关系和外交的学术理论建设方面也取得了很大的进展，但也存在许多明显不足。例如，中国外交学术理论缺乏体系性和原创性。

当前，中国学界在习近平外交思想的指导下，正在从学术和专业上总

---

[1] 习近平：《习近平谈治国理政》（第二卷），北京：外文出版社 2017 年版，第 62—63 页。

结改革开放以来的中国外交实践和理论，加强中国特色大国外交的理论建设。中国学者的研究和分析，各有侧重，可大致分为"阶段论""总体论"和"体系论"。

"阶段论"者大多以重大历史时期或党的重要会议归纳总结中国的外交理论。高飞认为40年可以分为三个阶段。第一阶段（20世纪70年代末至80年代末）是"独立自主，不结盟"。第二阶段（20世纪80年代末至90年代末）是"韬光养晦，有所作为"。第三阶段（20世纪90年代末至党的十八大）是"和平发展，互利共赢"。[1]岳鹏认为，中国自改革开放以来，在外交观念上大体经历了四个阶段的转变。第一阶段（1978年至1992年）是"服务经济，韬光养晦"。第二阶段（1992年至2001年）是"责任担当，构建互信"。第三阶段（2001年至2012年）是"促进和谐，服务为民"。第四阶段（2012年至今）是"主动进取，务实创新"。[2]

"总体论"者从改革开放40年乃至更长的时间跨度总结中国外交的理论发展，但研究的重点是习近平外交思想。苏长和指出："40年来，中国外交不断总结实践经验、推进理论创新。中国特色国际关系理论和外交理论有自己独特的价值内涵、逻辑特征、制度基础……中国同世界各国各方建立了和平共处、和平发展、合作共赢的关系体系……开创了一种全新的大国外交发展模式，成为新型国际政治文明的重要代表。中国外交理论为构建新型国际关系提供了重要思想理论资源。"[3]

"体系论"者有两类。一类从一般意义上的体系的本体论、认识论、方法论着手进行研究。例如，王红续从外交本体、外交认识、外交过程切入，研究中国特色外交。[4]另一类从主要理念着手。例如，秦亚青认为中国特

---

［1］ 高飞：《改革开放40年中国外交的历程与启示》，载《当代世界》2018年第5期，第17—18页。

［2］ 岳鹏：《改革开放40年中国外交观念的与时俱进》，光明网，2018年6月13日，http://share.gmw.cn/www/xueshu/2018-06/13/content_29258021.htm? from = singlemessage。

［3］ 教育部习近平新时代中国特色社会主义思想研究中心：《中国外交在改革开放中积累的宝贵经验》，载《人民日报》2018年6月22日。

［4］ 王红续：《关于中国特色外交理论的若干思考》，载《当代世界》2011年第6期，第32页。

色外交理论主要以时代观、秩序观和中国在国际体系中的基本定位为重要前提。[1]又如，王栋、朱晓凡认为，党的十八大以来，面对新的国际环境，习近平总书记创造性地提出了一系列外交思想，兼具"使命意识""时代精神""创新思维"和"战略意识"的中国特色大国外交理论得以形成。[2]

笔者在借鉴"阶段论""总体论""体系论"研究的基础上，提出中国外交理论建设的"体系要素论"，即从中国外交理论体系的内外环境和历史使命、总体思想和基本理论、战略思维和战略布局、政策原则和工作方法等四大要素进行研究。[3]

首先，内外环境和历史使命。内外环境主要指客观存在，但还包括对其的认识和判断。内外环境是中国外交理论产生、发展和创新的基础，也是最终予以判断、作用和检验的根本。因而，改革开放以来的内外环境就是当代中国外交理论体系的出发点和归宿点。由此可见，中国外交的历史使命就是为实现"两个一百年"奋斗目标、实现中华民族伟大复兴的中国梦营造良好外部环境。

其次，总体思想和基本理论。抓住总体思想和基本理论就是抓住中国外交的本质。中国特色大国外交的总体思想是在中国共产党坚强领导下，努力维护和推进国家利益，坚持以维护世界和平、促进共同发展为宗旨推动构建人类命运共同体。中国外交的基本理论是由马克思主义基本原理和当代世情国情相结合的结晶——中国化马克思主义。后者在外交领域则主要体现为邓小平外交思想和习近平外交思想。

再次，战略思维和战略布局。外交战略的主要任务是要对总体思想和基本理论进行全面、系统和长期的部署，主要包括战略思维、战略目标、

---

[1] 秦亚青：《关于构建中国特色外交理论的若干思考》，载《外交评论》2008 年第 1 期，第 9 页。

[2] 王栋、朱晓凡：《浅析中国特色大国外交理论及实践》，载《国际展望》2017 年第 6 期，第 113 页。

[3] 参见杨洁勉：《中国外交理论和战略的建设与创新》，上海：上海人民出版社 2015 年版，第 53—92 页。

战略条件、战略布局和战略途径等。改革开放以来，中国外交战略就是根据这些战略思路进行的，在大国关系、周边关系、发展中国家关系和多边外交的基础上，向领域外交、全球治理、"一带一路"、新型国际关系和人类命运共同体等方向拓展。

最后，政策原则和工作方法。中国外交政策具有原则性和灵活性高度结合的特点。中国外交政策的原则主要是独立自主的和平外交方针、和平共处五项原则、公平正义原则和正确义利观等。但是，中国在坚持原则的基础上，也会根据形势的变化而体现出足够的灵活性。此外，中国对外关系的工作方法是落实外交政策原则的主要途径，特别注重整体和局部、长远和当前、中方和他方、重点和一般等的辩证关系，这些正确的工作方法也是中国外交在改革开放 40 年里不断取得进步的重要原因之一。

五、 结语

在改革开放的 40 年里，作为中国全局工作重要组成部分的外交，积累了丰富的实践经验，而且在思想理论建设方面也取得了重大成果。在改革开放的不同阶段，以邓小平、江泽民、胡锦涛、习近平等为代表的中国共产党人坚持马克思主义的立场观点方法，科学地分析国内外形势，积极营造有利的内外环境，成功应对各种挑战，不断开创中国外交的新局面，有力地推进了世界的和平发展事业。

在人类社会进入大发展大变革大调整时期和中国特色社会主义进入新时代之际，习近平外交思想应运而生。习近平外交思想是一个内涵丰富、思想深邃、系统完整的科学理论体系，它明确了新时代中国对外工作的历史使命、总目标和必须坚持的一系列方针原则，深刻揭示了新时代中国特色大国外交的本质要求、内在规律和前进方向。

当前，中国外交既存在前所未有的机遇，也面临着日益增多且更加严峻的挑战。因此，中国外交更需要在习近平外交思想的指导下，提高实践和理论自觉，增强道路自信、理论自信、制度自信、文化自信，科学客观地认识国情世情，把握历史发展规律，抓住和用好战略机遇，有效应对可预见和不可预见的挑战，开创中国外交的新局面。从更长远的时间框架和地域、领域的范畴看，中国外交还要在实现"两个一百年"的奋斗目标和中华民族伟大复兴的中国梦的历史进程中，加强实践和理论建设，继续推进改革开放，在认识世界和改造世界中不断取得新的胜利。

在此历史大背景下，中国学界任重而道远，肩负历史重任，在中国特色大国外交理论建设中既要提高政治站位，也要加深学术厚度。中国学界只有提高政治站位，才能在习近平新时代中国特色社会主义思想和习近平外交思想的指导下，成为改革开放和中国特色大国外交的建设者和贡献者。同时，中国学界只有加深学术厚度，才能实现政治理论和学术理论的融会贯通，建成中国特色的国际关系和外交理论，促进相关专业的教学和研究，加强社会主义智库建设，提供更多的国际公共产品，以自己的专业知识贡献于世界的和平、发展、合作、共赢事业。

后　记

　　值此三本书付梓之时，首先，感谢本人供职 40 余年的上海国际问题研究院及其领导和同事们的鼓励、支持和帮助，使我身处世界著名智库，放眼天下和纵论世界风云，以专业知识服务国家，促进世界的和平事业。其次，感谢华东师范大学和上海外国语大学两所母校，使我能长期以兼职博士生导师的身份直接参与国际关系和区域国别学科建设，并对国际问题研究和学科建设互动互补有了更加深刻的认识。再次，还要感谢在国内国际交流、交叉学科互动和跨界合作时支持和帮助过我的同行，他们是激励我坚持研究、教学、人才培养的精神力量和专业动力。此外，特别要感谢我的博士生沈若豪同学的帮助，没有他的尽心竭力，这三本书断难成编。若豪同学的本科及硕士研究生的学业是在美国完成的，希望他在选编助理的工作中对中国自主知识体系有所认识和领悟。最后，当然要感谢出版社和编辑人员的认真和高效。

　　有人问我，古稀老人为何还笔耕不辍？对此，我总是以两位前辈为榜样。一位是上海国际问题研究院已故的老领导李储文，他曾在周恩来领导下在抗战时期就与包括国际问题研究者在内的中国高级知识分子交流、交友，在将近百岁住院治病期间仍上网阅读中英法三种文字的国际问题文章，并且结合中国外交进行评论。另一位是西北大学中东研究所的前所长彭树智，他今年已经 92 岁，但仍坚持每日撰写学术文章千字以上。说心里话，我真的希望能如他们两位那样健康长寿，但他们旺盛的求知欲望和工作热情更值得我学习。

这部论文集如果再过几年出版，在内容的数量和质量上可能还可以更好些。但因为某些客观原因又不得不"提前"了。最直接的原因是，本人年过古稀后，精力明显大不如前，特别是目疾加剧，阅读和写作大成问题，再三考虑，还是趁目前能正常工作时整理出版。若老天眷顾，过些年还能再版时，本人的努力和期待包括但不限于以下：

争取的最佳方案是，本人在前期和已有研究的基础上撰写而不是编辑同一主题的专著。本人需要使自己在建设自主知识体系方面的认识、研究和实践更上一层楼，以此为国家和学界作出应有的贡献。

可能实现的次佳方案是，这三本书虽以论文集的形式再版，但相关的成果应有明显的进步，其基础当然是逐步提高的站位、不断深化的思考、持之以恒的研究、国内国际的讨论、坚持不懈的写作，以此产生更多高质量的论文和有影响力的演讲得以在再版中增加，使之能够附于有影响的论文集之后，如美国教授詹姆斯·罗西瑙（James N. Rosenau）主编的《没有政府的治理》（*Governance Without Government*，1992 年版），又如中国和平崛起论的主要倡导者郑必坚先生的论文集《论中国和平崛起发展新道路》（中共中央党校出版社 2005 年版）。

万一的保底方案是，这三本书的出版能够引起中国学界的讨论和国际学界的关注，从而使再版成为需要。虽然本人由于可以预见或不可预见的原因而不能亲自修订再版，我的学生们既有意愿也有能力代我再版。总而言之，对于学者来说，"文章千古事，得失寸心知"，一代又一代的学子们为了知识、学问、理想和真理而需要不断努力。

杨洁勉

2023 年 11 月 30 日

图书在版编目(CIP)数据

波澜壮阔的中国特色大国外交 ： 实践自觉和理论自
觉的视角 / 杨洁勉著. -- 上海 ： 格致出版社 ： 上海人
民出版社，2024. -- (国际展望丛书). -- ISBN 978-7
-5432-3612-7

Ⅰ. D82

中国国家版本馆 CIP 数据核字第 2024GF2313 号

责任编辑　顾悦　刘茹
封面设计　人马艺术设计·储平

国际展望丛书

波澜壮阔的中国特色大国外交:实践自觉和理论自觉的视角
杨洁勉　著

出　　版　格致出版社
　　　　　上海人 & 出版社
　　　　　(201101　上海市闵行区号景路 159 弄 C 座)
发　　行　上海人民出版社发行中心
印　　刷　上海商务联西印刷有限公司
开　　本　720×1000　1/16
印　　张　13.25
插　　页　2
字　　数　182,000
版　　次　2024 年 10 月第 1 版
印　　次　2024 年 10 月第 1 次印刷
ISBN 978 - 7 - 5432 - 3612 - 7/D·197
定　　价　68.00 元

《全球公域治理：价值向度与秩序构建》
郑英琴 著

《多边开发银行的演进及合作研究》
叶玉 著

《城市外交和城市联盟：上海全球城市建设路径研究》
于宏源 著

《当前欧亚移民治理研究》
强晓云 著

《美国气候外交研究》
于宏源 著

《中华民族伟大复兴进程中的"国家民族"建构研究》
叶江 著

《国家建构——聚合与崩溃》
[瑞士] 安德烈亚斯·威默 著 叶江 译

《面向可持续发展的全球领导力——文化多样性研究》
[美] 柯林·I.布拉德福德 著 薛磊 叶玉 译

《全球化新阶段与上海改革新征程》
王玉柱 著